LO QUE FUE DICTANDO EL FUEGO

Juan Antonio Hernández

Translated by Margaret Randall

DICTATED BY FIRE

Bilingual Edition / Edición Bilingüe

EL SUR ES
AMERICA

Original title:

Lo que fue dictando el Fuego by Juan A. Hernández.

Translated as:

Dictated by Fire by Margaret Randall.

Afterword by John Beverley.

First Bilingual Edition / Primera Edición Bilingüe

August 2022

Layout and cover design: Silvana Pezoa N.

Library of Congress Control Number: 2022942105

ISBN: 978-1-7361784-5-4

Editorial El Sur es América, LLC

Ohio, EEUU

ElSurEsAmerica@gmail.com

www.EditorialElSurEsAmerica.com

CONTENT

TRANSLATOR NOTE

Juan Antonio Hernández and I met online, the scene of so many encounters in these digital times. We corresponded, discovered we had history in common, and he sent me a copy of his novel, *Lo que fue dictando el fuego*.

I began to read, and images from the 1970s and '80s and '90s flooded my memory. Years in which young people throughout the world believed they could give their all for justice and so many died in the attempt. As my son, who was also a participant, has said: "We failed and so no one remembers. Had we won, street names and monuments would bear our names."

He wasn't talking about individuals but movements, struggles, and what they meant. Hernández' novel portrays those times with the intimate knowledge of a participant yet without the romanticism some ascribe to them or the dismissal with which official history would have us relegate them to some juvenile excess.

I found myself translating this moving text as *Dictated by fire*, a glimpse into an era in which a strong sense of justice, passion, and sacrifice came together in the fight against ignominy and betrayal. This book is history, memoir, and tribute.

7

Today, when imperialist invasion is the norm, it is good to be reminded of those like Yulimar Reyes and Gonzalo Jaurena who put their lives on the line for freedom.

Margaret Randall.

Albuquerque, Spring 2022.

DICTATED BY FIRE

Translated by

Margaret Randall

I

The night's snow accumulates on the other side of the window, and I can't sleep. I wander around the shadowy almost empty apartment, among boxes of books, an old table and two or three chairs. In the pact men make with the devil, one demon in particular always gets to us. Mine is sleepless nights, the parent of those who control access to memory or oblivion.

Now that I'm beginning to get my things together to return to Venezuela, I've taken to writing these scattered, awkward notes. I maintain the fragile hope of recording everything I can about the words and movements of some kids who lived at the end of the eighties. Of the splendor of those pure and savage lives, there are but a few tracks like scattered embers across the vast night sky. I would like to believe that through all these years those embers haven't stopped whispering. This is what I propose to transcribe now, although I know there's no stranger witness than fire.

II

Jaurena, Yulimar and I had come from the *Delia*. We'd finished off a great number of beers and several packs of Marlboro reds as we watched the women dance "…there's fire at 23, at 23." *Yoko* was barely with us. She must have stopped to talk in some corner of that student hangout. Jaurena and I spent the night slowly drinking and talking, with raised voices, about how we planned on killing the Commissioner. No one could make out what we were saying in the midst of that vertigo of salsa, shouts, and raucous laughter.

Suddenly and almost without our being aware of it, dawn arrived. We crossed Plaza Venezuela and before reaching *Yoko*'s apartment in Central Park (Yulimar looked like a clone of Lennon's wife) we stopped and sat on one of those stone benches at *Los Caobos* (beneath my sweater I removed the safety on the 9 mm, just in case). I no longer remember how, sitting there and sharing the last cigarette of the night, we began to imagine we were surrealist poets, and as we spontaneously spouted remembered lines, stumbled on this impossible advice: "Never open the skull of a sleeping monster." Advice, in fact, that we were unwilling to follow. Or maybe what had happened was that skull had already been cracked by an invisible hand and we would be nothing more than that monster's dream -violently exposed to the elements. Like you said, Jaurena, it was the era when we were "masked and happy."

III

Yoko studied Literature with me. She also worked at the Ateneo theater where, because it was the honor thing to do, they always let us in for free. There was a bar next door, the *Rajatabla*, where much later I would meet the anarcho-punks from *Culebra*. Without realizing it, *Yoko*, our *Yoko*, went right for the idea of bathing the Commissioner in a torrent of lead. One night she told us that she lived in a building where the police had a habit of showing up unexpectedly. The mystery lasted for months, until one morning she ran face to face into the chief of operations of the DISIP. It seemed the guy paid occasional visits to his mother at one of the apartments. Right away it occurred to you, Jaurena, that we might give the old lady a splendid Mother's Day gift.

That night at the *Rajatabla*, when you were just beginning to go out with Julia and I with Carolina, as we downed a few beers and grumbled about Party traitors, we stumbled upon that extraordinary find. No one could have imagined, young Uruguayan, how stubborn you would be.

IV

I must rewind the film. Back to the moment I met you, impossible mixture of Lautremont and the crazy Uruguayan revolutionary Raúl Sendic. Or maybe I must go farther back, to when I began to get involved in politics and ended up joining the Party, just before the massacre perpetrated by the Commissioner on the outskirts of Anzoáte-gui in October of 1982.

At that time, of the all the dead, imprisoned and tortured only the craziest or dumbest were interested in the Party. Undoubtedly it was around that time when they began to cross our lines in that garden of split paths. It was back then, separately and unknown to one another, that we joined the only revolutionary organization that advocated for armed struggle in the Venezuela of the 1980s. What's more, we were middle school kids, although you lived in Caracas and I was finishing high school on Margarita.

V

José Martí went to Cornell. I can't help imagining him among the snow-covered pine trees, volleys of freezing wind hitting him in the face. He wrote a chronicle about this university, standing on a rise above a lake, taking note of its beautiful blondes and impressive libraries.

There was a moment when I began to think about searching for Martí's footprints. I thought I might find some commentary by him in the margins of those books he might have read. I even took a couple of them from the rare book section where you can find, for example, a first edition of *Triunfo de la libertad sobre el despotismo* by Juan Germán Roscio. Of course, it was an impossible search, a sort of open-eyed dream. I don't even know how long Martí spent among those ivy-covered buildings. Obviously, there are statues of the millionaires who built this university. But there will never be one of that man who so thoroughly understood the entrails of the Leviathan of the North.

Martí must often have asked himself how it was that he landed in this country. And as I begin to write these notes, I try foolishly to console myself, thinking that at least I have that in common with he who claimed to know so well the art of disappearing. Nabokov was also here, they tell me, at the height of the golden age of jazz and the Cold War. But the only thing that interests me about him is that young girl you've heard mention. Especially surrounded by snow.

VI

I'd already done a few things. For example, I'd been among those who organized that protest against building a bridge between the mainland and the island of Margarita. Luis Herrera, the Christian Socialist president at the beginning of the 80s, promoted that project everywhere. It seemed like the poor guy's obsession. And so, he came to the island for an act in celebration of Youth Day. The governor organized a student march that would pass in front of the podium where the fat idiot would be seated, surrounded by military. To be sure, all this was a year before the -Commissioner carried out the Anzoátegui massacre. I think I remember that they organized us by schools. Mine was the *Risquez*, next to the *Asunción* where in the early hours of the morning before *Catire* and I had gone to paint the walls with Party slogans. Things like "In the face of bourgeoise violence, proletarian violence..." Obviously, as you always said, the Party wasn't that good at poetry. But in any case, we'd covered almost the whole school with those slogans. We even got the idea of defying the Party line by writing one inspired in Paulo Freire: "No one frees anyone else, and no one frees himself alone, men free themselves together...". How we loved to do that stuff.

18

The next day they organized the march and we all walked in perfect formation. As we passed in front of the podium we began to shout: "No, Mr. President, we don't want a bridge…". And it almost gave the poor fucker a stroke. Nervous, his security detail closed in around him. The protest multiplied, resulting in a sort of uncoordinated chorus. They played folkloric music on the loudspeakers. Later we got together far from there, at some beer parlor at the northern part of the island, laughing so hard we thought we would die.

VII

There's the story about the torture your old man endured in Montevideo. I can't remember now whether it was you or your father who told me about that, in one of those conversations we had after they killed you. I think it was your dad who talked about sensory privation, electricity and beatings, betrayals, and infiltrators among the Tupamaros who, after the coup, went around in military jeeps protected by police or soldiers, having become masked snitches who pointed out people walking around in the streets. One of you told me all that as if it were the memory of a profound abyss.

Now I remember you telling me about visiting your father in prison. You were six or seven. You told me the story, but for some reason I can't remember the details. It's a similar sensation as what happens when I'm finally able to get to sleep and think I'm dreaming something tremendously important: the solution to an impossible theorem or the clue to deciphering a forgotten language, stuff that only a professor in a country that isn't his can dream. Later I wake up and the only thing I can remember is that I was dreaming something unbelievably important, the clue to something lost forever.

Because that visit to your imprisoned and tortured father was like your first communion or true baptism. And I'm imagining you now, receiving that horrible gift courtesy of government fascists, a small formless artifact fashioned from the metal of nightmares, meticulously extracted from the remains of torture instruments. If you took the time to look carefully at that gift you could find cracks, small windows through which it was possible to glimpse the dull glow of hell.

And now I remember that early morning, seated on the floor because the house at *Los Ruices* had no furniture, reading disperse fragments of *The damned of the Earth*. It was a copy we'd "requisitioned" from a bookstore in *Sabana Grande* along with a book of poems by Gustavo Pereira and *The legends of the black Christ* by Mahfud Massis. We read without having anything better to do, in that empty house that my grandmother had sold and to which I still had a key until its new owner arrived from who knows where. We used that house to store our sorrows, meet Julia and Carolina, and sleep on some old mattresses.

We began reading Fanon that night and I'll never forget the moment when we were almost to the final chapter about torture. Suddenly you said something like "Stop… stop there…" I had been reading out loud. You were drawing something in a notebook, I can't remember what. "…Understand that the therapy Dr. Fanon recommends is

21

that the torture victim kill the torturer, no matter what it takes…". I can't forget you saying that. And I can't forget it because all that happened long before the night at the *Rajatabla*, months before that night when *Yoko* casually handed us the address of the house belonging to the Commissioner's mother.

VIII

I never asked how you joined the Party. The truth is, by the time we started talking we were ashamed of having belonged to it and avoided the conversation. But despite that shame, I think we did speak once about how we ran into one another during the "hot semester" of 1987, preparing a brigade we were putting together to protect one of the many marches of that time.

How many students died that year? They raided the university so often that no one remembers the number of times. And it was precisely during those invasions that we began to exchange gunfire with the Military Police (PM) and National Guard. Those clashes were totally unequal. The defenders of property and order had assault rifles, machineguns, hundreds of teargas bombs (I think they were gifts from the gringos), a helicopter or two, and the support of sold-out journalists who blamed everything on the "villains and vandals of Castro-Communist subversion." We had stones and more stones (a "Caribbean Intifada" you called it), the classic Molotov, homemade explosives and an occasional pistol or two. And it was very funny to see those damned police eating dirt or running to hide wherever they could the moment they heard a nearby shot.

I think we met for the first time in one of those auto-defense brigades. There were so few of us and everything was so precarious, that despite all our security measures it was easy enough to remember someone's gestures, way of walking or voice. And, well, Jaurena, you walked all hunched over, almost crouching, as if you were always about to fall on your face. So it wasn't that hard to recognize you later at some Party event, despite the masks and other stupid measures we took, thinking we were part of an urban guerrilla.

Back then, *Yoko*, Julia and Carola weren't with us yet. *Yoko*, as far as I can remember, was always one of the *Disobedient ones*, Julia belonged to the *Young communists*, and Carolina to what remained of the *Socialist league*. It was after we met that we began to be surrounded by those hard and beautiful women, the *Rustproof ones* as you always called them.

IX

They say eternity is a child playing by the sea. I don't know. There was a time when I wouldn't even have been interested in such a thing. I would have been around ten, and I escaped from school every chance I got and went swimming in the innocent transparent of the sea. That's how I began to discover that fire we all possess, that invincible starkly communist power that ceaselessly and miraculously links fish, birds, women, and men with the stars.

Late each afternoon, I would sit and read to my almost blind grandfather as he rested in his hammock. I read fragments of books with dark blue covers, the *Jackson Classics*, a collection he'd purchased long before and which made up the gravitational center of his library. At the beginning I read out loud, mechanically, without really understanding what I was reading. It was a ritual, a half-hour obligation, every afternoon at our old house in *La Asunción*. But little by little, almost without trying, I began to understand. And it was as if cracks began to open in my house, the home of a boy who lived on a small Caribbean Island. The words opened fissures in the walls of that dazzling world dominated by the powers of melody and sea. Fissures from which voices came, speaking a language both familiar and strange. Voices that sometimes whispered things about heaven and hell.

Little by little I stopped playing hooky to go swimming or ride my bike. I intuitively tried to find something in the history lessons or literature that would help me better understand what I was reading to my grandfather. I began to read more carefully, and so I discovered that in hell Dante's living body weighed down the boat carrying the souls of the condemned. I also learned that an immortal rebel, after having stolen the celestial fire, continued to be punished for untold centuries beneath enormous rocks, buried alive, awaiting the moment he would return to the light and be able once again to defy the gods. And so, I went on like that. I began to read on my own, until I found myself on an expedition to the center of the earth and on a certain island where pirates never stopped singing, in the midst of savage laughter: "The devil, the devil...and a bottle of rum!"

That was my childhood on Margarita, among ghost stories in which Lope de Aguirre, turned into fire, roamed La Asuncion's streets through distant dawns. Or tales that spoke of the secret tunnels the Spanish had dug between the castle and the cathedral. Or yarns about the underwater ruins in Cubagua with treasures that must remain hidden from the light of day. I lived surrounded by all that, with escapes to the beach, bicycle races, a village movie house that showed ancient and badly-mended films, Poe's living corpses, and Lovecraft's demons from other worlds. I also studied what interested me at a Porlamar school where the teachers were Spanish priests and members of the Falange.

I read *The mother* by Gorky but didn't like it. Maybe, as Roque Dalton said, I simply came to the revolution by way of poetry. A cousin who was older than me lent me some records by Serrat and Silvio Rodríguez, and that may have been how my part in this history began. Later there were the televised images of Nicaragua's insurrectional struggle and Somoza's massacres. The Sandinistas entering Managua like a vast red and black sea. Or the images of Romero's assassination in El Salvador. And without doubt all that must have gotten me—unconsciously at first and then more consciously—to search for references, texts, names, images, icons, that is to say all that which make up the world that feeds a boy who is becoming a communist and beginning to discover, astonished, the great rebellious bond that runs at the very least from Spartacus to Che.

X

Tupamaro was what Julia, Carolina and I called you. It was almost a given because you were Uruguayan and had told us about the little you remembered of Montevideo, the tortures suffered by your father, his exile. One day, one of the girls, I don't remember which, arrived at the cafeteria at the Central University of Venezuela's School of Architecture, with a book about Tupac Amaru's Inca rebellion. It was a Cuban book, published by *Casa de las Américas.* We knew very little about any of that, and I think it was Carola who handed you the book and you took it.

For several weeks you talked about nothing else. With any excuse you would explain that Tupac's insurrection had extended throughout the Andes, from Cuzco to the north of Argentina. That there'd been more than one hundred thousand indigenous rebels. That there was a belief, among the insurgents, concerning the body of the last Inca, Atahualpa. The legend was that after killing him the Spaniards cut off his head. They hid his body and his head separately. But one day the body and head came together again and that's when *Pachakuti* arrived: the end of white domination and the return of the Incas. Tupac Amaru, for many of those who fought and died with him, had returned to recreate and rearm the body of the Inca.

I don't remember how long your enthusiasm for that story lasted. But I do remember the number of jokes and pranks we made when you brought up the subject at the least expected times. Little by little, for us the name *Tupamaro* began to acquire other meanings. It was no longer something we'd gotten from the Costa Gavras film or from reading testimonies about the Uruguayan urban guerrilla. Now all that was beautifully enmeshed. We were twenty years old and wanted, at all costs, to discover another history. One that for the powerful could only be a story of the impossible.

XI

Everything was so fragile, so precarious. We intuited that a vast wilderness surrounded us. But even that wilderness could be used as a weapon. Especially when one is twenty and a communist, with all the inconsistencies and betrayals, regrets and defeats that meant. The wilderness can only become a weapon for those who refuse to make themselves at home in this world or choose to try to create a new one withing a lightning flash.

Because we must remember that all this happened at the end of 1988 and beginning of 1989. The Bolivarian uprising that would come in 1992 was still unimaginable, at least for us. We didn't see the cracks. The armed forces didn't display any visible contradictions. There was a supposed left, or rather a choir of shitheads, who did everything possible to confuse things or be part of the dominant class. We believed we needed an absolute radical break with that world. To create an unsurmountable distance. And there were others who agreed. But we didn't or couldn't see them because we were only a small group of young people at two or three universities or high schools with contacts in a couple of Caracas neighborhoods. That was it. And that was almost nothing. It was our wilderness. The radically naked space from which we had to try to reinvent a map, preserving the compass of rebel tradition at all costs. A tradition that was nothing more than a stubborn commitment to the impossible.

XII

I arrived in Pittsburgh at the beginning of 1988. It had already been ten years since your death. Carola had just left me and I neither had the faith nor strength to orient myself on the map of fires you'd traveled between 1987 and 1989. I also didn't think that Chávez could win the elections. Everything smelled like treason to me, from my pathetic Marxist self-sufficiency to my nods to the establishment. Perhaps they would win a few seats in Congress and then once again it would be the same old story of privilege and betrayal. That was my calculation. As had happened so often, time would show how mistaken I could be.

I had finished my undergraduate degree in literature at the Central University of Venezuela (UCV). For someone who was only qualified to talk about poets, essayists, novelists, and the like, it was clear there was no great future in the Caracas of those years. Ironically, I got the idea of Pittsburgh from Carolina. One afternoon, a few months after I'd finished, we met for coffee, and she mentioned that she was planning on going to New York for a post graduate degree. Something like Women's Studies. We were sitting at Margana, in the basement of Centro plaza, where you and I and other crazies had met so often to plan something riskier than what we'd done the last time around.

We talked and she showed me some pamphlets with a list of universities that specialized in Latin American literature. Pittsburgh was one of them. It had a pretty good Latin American Studies program, a great library, and a professor named Beverley with whom I might have an affinity. At the time, John was publishing an assortment of texts on testimonies of the guerrilla in Central America. But to be perfectly honest, what I really wanted at the time was to get away for a while. Maybe I would be able to earn a doctorate, or maybe just a masters, Carola said. Aside from anything else, I simply wanted a place where I could close myself off, do some reading, and get away from that Caracas so full of memories of the woman who, for ten years, had been my "beautiful warrior." That's what I still called her, secretly. Maybe I had the impossible hope of remaining close to her somehow. And of course, following her to New York was out of the question. All those things were part of it.

I arrived in Pittsburgh in the middle of a January snowstorm, without knowing exactly how long I would be able to stand it. Pedro Duno's son, Luis, received me generously. We knew each other from our time at the UCV, when we talked about Camus and Sartre after our class with Guillermo Sucre. At Luis's house we drank rum, listened to John Coltrane's *A love supreme* and talked obsessively about Chávez and Venezuela. I stayed with him for a month while I looked for an apartment.

Later, Uruguayan, many things would happen, prompting an arduous but not impossible task: that of trying to imagine what you would have thought or done in certain situations. Or, at other moments I would recognize in the responses I thought or wrote, echoes or fragments of shared conversations and readings. Like when Chávez won and I had already been in Pittsburgh for a year, preparing for my master's exam. I decided to wait and I'm sorry now. I wish we could have talked about all that, Uruguayan.

Although now I only wish I had told you about a reading we never shared. It was something written by a Jewish Communist who ended up killing himself on the border between France and Spain to avoid being caught by the Nazis. Someone who liked to write about ancient toys and Kabala signs, ruins and mute angels, surrealism, Chaplin and Kafka. He was literally a wandering Jew, traveling through Europe, searching in the horror of all that fascist destruction for the future that resides in the past. He once said he was only interested in reading what hadn't yet been written. And he liked to believe that the rebellious workers, followers of Blanqui, had tried to destroy all the clocks in Paris in 1848, so as to retrieve Spartacus's hope of, among much else, setting fire to the world. Sometimes I've imagined him conversing with Vallejo (I don't think they knew one another) about the Spanish civil war, while in some other corner of that dark Parisian café at the end of the thirties Malraux was putting the final touches on the manuscript of *Man's Hope*.

But none of that is what I would have wanted to share with you, Jaurena. In the Pittsburgh library, on one of those long early mornings at the beginning of 1999, I found this written by Benjamin in 1940. He left it for us like some encoded message: "Even the dead won't be safe from the enemy when he wins. And this enemy hasn't stopped winning."

Now I remember a walk with John Beverley through the ruins of some old foundry ovens in Pittsburgh. It was in January of 1999. We walked at night among those remnants covered with snow and ice. John talked about the steelworkers' struggles at the end of the 19th century. And he said that there, in those ruins, a massacre occurred, organized by the Carnegies and the Mellons against a group of striking workers. All that had happened right there, among that rubble, in almost ghostlike towns that had been abandoned when the steel industry departed the city in the seventies. And then, in 1999, they were going to finish demolishing all that, eliminating all traces of what was left, so they could build one of those gigantic suburban shopping centers, one of those malls. Not even the dead would escape, Jaurena, while this enemy keeps on winning.

XIII

During 1987, as I've said, we found ourselves participating in the Party's self-defense brigades. We had a few handguns, molotovs, and home-made explosives. It was just after the *Meridian march*. I never really understood why Lusinchi's government responded so violently to the student demands. Maybe out of pure stupidity and cowardice. Or simply because they sensed that the situation was unpredictable, and they couldn't allow the students to take the streets. In Mérida, where it all began with the absurd assassination of a student, the protests showed that ordinary people might massively join those who were protesting. And those in power were terrified of that, not of four or five guys with guns deep in the mountains.

It's probable that all that repression was the re-sult of an arrogant brutality, a certain *Democratic action* tradition reminiscent of Betancourt's au-thoritarianism. At the beginning, the students' demands weren't that radical. Respect for the right to protest, no use of firepower against the demonstrators. Denouncing the first student assassinations. None of that, in essence, chal-lenged the system itself. And the government kept on raiding the universities, imprisoning students, recurring to military justice. Suddenly, at one of the most grotesque moments, in the midst of an obscene military siege of the UCV, the Commissioner and his commando group appeared posing for the television cameras. Suddenly, just like that, those in power pulled from their sleeve what, after *Cantaura*, the newspapers began calling "democracy's police."

All of that initiated a cycle, a downward spiral that totally unexpectedly took us two years later to the *Caracazo* and all the ruptures that came after. We swallowed a great deal of teargas then. And lots of bullets fired by the bad guys. And while the student leaders tried to coordinate their responses, to carry out demonstrations at the national level, we attempted to devise a way of protecting the marches, tried to get in and out of the University without being detected. Because the UCV was at the center of everything we could do, back then, in Caracas.

The demonstrations lasted for months. Thousands of students took to the streets, even at night, like when we held the candlelight march in *Sabana Grande*. And suddenly, they began to kill students, deliberately rather than in idiotic or isolated police skirmishes. Sharpshooters began to aim at the protesters. Or the police reloaded their shotguns in such a way that no one would be able to know where the killer bullets came from. And they began to occupy the gates of the University, those entranceways that are like great concrete arches. They practiced target shooting against students and they laughed, even on television and in live direct, when they wounded or killed. All that happened again and yet again, until we grew tired.

I think we were together in one of those first actions against the police. We weren't yet friends but, like I've said, there were so few of us involved in that sort of action back then that we must have run into each other. I don't remember the exact date. There had been another demonstration at *Los Símbolos* plaza, and we allowed them to charge, to spread out again around the arches. Then we hit them with a good amount of lead. And for a moment, before the helicopters arrived, we watched them run, frightened, humiliated, some wounded in their arms and legs. Because we'd agreed we wouldn't shoot to kill any of those poor devils.

XIV

I'm talking about 1987. Barely five years had passed since *Cantaura*. The Yumare massacre had taken place the year before. At the time, as you told me, you were working alongside *Guajiro* in the Party's clandestine regional unit in Caracas, trying to organize the urban guerrilla in extremely difficult conditions. I was also in Caracas. I had come to study law at the *Santa Maria*. But from the beginning of my first semester, I began to hate the atmosphere there, filled with police and notaries, and I was trying to find a way to transfer to Literature at the UCV. Conversations with a friend you didn't know, the poet Jose Lira, weighed heavily in that decision. He was a spectacular guy, much older than me, who had lived in Paris in the fifties. He'd known Breton and upon his return to Venezuela got involved with the insurgency of the sixties through the *Communist party*. Although I think I told you a lot of anecdotes and stories about the poet Lira, the truth is I don't really remember. The thing is, talking with the poet at his house in Porlamar, he convinced me that I should abandon law and study literature. And so, without suspecting it, I took another turn in that garden of split paths.

In Caracas, after leaving the *Santa Maria*, I began to work more seriously with the Party in a legal newspaper called *Sin Permiso*, and that have an exceptional group of people, real vanguard militants. It all began to expand, and as we had a small space at the University it was logical that we try to organize something there. We started with the idea of developing a semi-legal team that would do some mass organizing simultaneously with political-military work. That meant acquiring as many weapons as possible, finding houses where we could meet, gathering information about the enemy, that sort of thing. I thought this was a natural part of developing any sort of revolutionary political work. By then, much of the historic leadership was dead, in prison, or underground. In that sort of situation, we had an ample margin for those kinds of initiatives. Later we would figure out how to connect all that with other efforts people were making, mostly by the skin of their teeth.

And we began to work very hard, with the same intensity with which the fanatics of medieval sects thought they were working to accelerate the apocalypse. We were *Chino*, Federico, *el Negro Miguel*, Ramiro, *el Gallego*, *el Negro Pedro*. *El Gallego* was a mid-level Party operative. He was the oldest among us and our superior. I don't remember when we began to make contact with liberation theology, the Christian communities of *La Vega*. I think, though I'm not sure, that distributing copies of *Sin Permiso* was key to those early meetings. There we began to work with Francisco, Iván, and all the folks from the community called *Promise and liberation*. We were a sort of faction or tendency within the Party. But at the beginning I wasn't that clear about it all.

All this took place at the same time as the student protests of 1987. We lived immersed in a sort of vortex of time, and everything started happening very fast. Those of us who worked on *Sin Permiso* hardly slept and we would wake up writing articles, painting walls; it was crazy. Now I remember it was later, more than a year later—by that time you and I were no longer in the Party—that we read a document written by the *Disobedient ones* on the subject of "dual militancy". And it was then that I began to analyze our experience with *Sin Permiso* in the light of the similarities between what I had lived and what the people of *Popular disobedience* had experienced.

The idea was the following: Che Guevara's foco theory of the sixties and seventies had removed many people who worked with the masses out of their natural communities, away from their social relationships, and sent them to the mountains or to an underground house so they could work militarily. That ended up weakening the vanguard's social connections. According to the *Disobedient ones*, at that moment, which is to say 1988, you had to take a calculated risk. You had to make the choice to keep your feet in both areas: in mass work and in the construc-

41

tion of armed struggle which, at the time, meant self-defense brigades. That was the situation of *el Francés, el Gordo, el Viejo,* and others we were coming to know. And that same unplanned dual militancy almost organically had also been *Sin Permiso*'s experience. Furthermore, we had begun to question the Venezuelan rural guerrilla's old idea of prolonged people's warfare. It seemed absurd to think that in a country with such a high concentration of people living in the cities, for some the main site of struggle was still in the mountains of the interior. "Don't take part in the pruning and burning of trees; collaborate with the guerrilla," was a favorite irony against that whole vision.

Dual militancy. That was the idea, and when at the end of 1988 we found ourselves isolated, outside the Party, practically alone, we became very clear that the forces against us were growing by leaps and bounds. At least at that time we believed it was the beginning of something new.

Choice: all the fragility of life, the physical end of all that we were living, now, twenty years later, seems always to have been expressed in that word. Or maybe it was just the opposite: the fragile infinity of hope might be contained in that sort of choice. A choice without marked cards, without special dice, without even a damned cheat who fixed things beforehand, so you'd be saved at the last minute. Because we'd already seen what had happened at *Cantaura*, Yumare, the student assassinations. We'd assimilated all that. And so, almost as if it were the result of a logical argument or the solution to a mathematical problem, we seemed to be making our choice against all ignorance, against the rot of death in power in Venezuela back then.

XV

I'm not going to talk about the excuse I ended up using to get them to expel me from the Party. Maybe there were those among the leadership who sincerely thought that I was militaristic, a believer in guerrilla warfare, and should be expelled because of that position. And maybe they were right. Or maybe there were other calculations. I don't know. I can't know and will never be able to find out. It no longer matters to me, and I say this without resentment. Months later, I came upon a line by Vallejo that sums up all that I believed and continue to believe: "Farewell, sad bolshevik bishops!" I often secretly repeated that line to myself, as I observed the steps they took towards "pacification." A Party that had become an end unto itself rather than an instrument of necessary war, the holy war against those in power in Venezuela.

We needed that instrument urgently in February of 1989. But the bureaucratic calculations, established diagrams and routines weighed too heavily. All that was what allowed the continuance of a strategy through which some, in an honest effort, went to the mountains four or five years before the *Caracazo*, hoping to rebuild all that had been lost at *Cantaura*. As if those combatants, those weapons and resources wouldn't have seen better use when February 27th descended upon us in the streets of Caracas. But I'm being unfair: no one could predict that rupture, that breaking point. That's the plain and simple truth.

At that time, after my expulsion, I spent a couple of months in a terrible crisis. I remained distant from everything, trying to remake myself, to be as honest as I could about all that had happened. Later I returned to Caracas and back to my literature classes. It was around that time that we became friends, Uruguayan. It's also when I met Carola and you met Julia. And when this other story really began. All that stuff about the "Bolshevik bishops" and their sad misery never interested me again.

XVI

You left the party out of conviction. As I remember it, you began to talk about prioritizing the urban guerrilla. Not its auxiliary role put forth in Party documents. Again and again, you urged armed propaganda actions, self-defense for the students who protested, and executing the torturers. That's why you ended up so isolated. You became uncomfortable and left. On top of that, other ruptures piled up for you. You said goodbye to your engineering studies at the *Simón Bolívar*. You were also fed up with that atmosphere. You kept on seeing *Guajiro*. Out of discipline, he didn't want to break with the organization; he'd been a member for years and honestly believed you couldn't be a communist without the Party. We would strategically add that contact to others when we began to think about the Commissioner.

You left the Party around August or September of 1988. You were trying to get into Philosophy at the UCV. Now I'm trying to remember the exact moment when we began to talk about politics, but I can't. Maybe it was during that demonstration, the plebiscite in Chile against Pinochet. They were passing out pamphlets around *Tres Gracias* plaza. They put up some flyers, and I think that's when we began to talk. I think one of us mentioned the self-defense brigade of 1987. And then it was inevitable that we discuss all the rest.

Maybe it was that same day when we began our walks around *Sabana Grande*. Those walks that became a ritual, stopping to play a game of chess, to look at a girl who passed by, or to go into some bookstore and pick up something interesting. Night sometimes found us in front of Radio City or near *La Previsora*, pooling what little money we had to buy a couple of beers at the *Delia* or go to the *Ateneo* to meet up with the girls.

There was a period of peace, a certain calm in the two or three weeks before the massacre at *El Amparo*. Days and nights of reading, of conversing until dawn and spending time with our usual friends. I remember one early morning in *Sabana Grande*, after a heavy rain, without Julia or Carola, walking to *Los Ruices* because we didn't have enough for bus fare. You kicked an empty beer can and I heard you mutter: "Reformism always begins with a fear of death."

XVII

One of the few people with whom I've become friends here at Cornell is Susan Buck-Morss. She wrote a spectacular book about Walter Benjamin, that Marxist wandering Jew I was telling you about a few moments ago. One afternoon, while we were taking a walk through the woods that borders the campus, she told me that when she was researching Benjamin in Germany a few years before, the Federal Republic gave her access to some boxes with documents and other things from the thirties. Going through them was part of the general investigation she was doing on that period. She found an unlabeled box filled with papers and personal documents, as well as a few books. And suddenly, purely by accident, in one of the books she found a pretty Mother's Day card. It was signed by Hitler.

A couple of years ago, Susan wrote a long essay called "Hegel and Haiti." In it she claims that the origin of the famous dialectic of the boss and the slave can be found in the young Hegel's reading of news of the Haitian revolution. It seems that when Hegel was in Jena, writing *Phenomenology of spirit*, news of rebel slaves on a remote Caribbean Island appeared frequently in German magazines and newspapers. According to Susan, everything pointed to the fact that, that fragment, so central to Western thought, had its origins in the only successful slave rebellion known. And all that vast constellation of events and ideas, hasn't stopped resonating with me, meshing in my head with what you said that morning about reformism and fear of death.

Imagine Hegel's passage, Uruguayan, as if it were a mythical story, a tale about the origin of all of humanity, narrated by a very ancient and insistent voice, tired of so much horror, murmuring to itself while others sleep around a dying bonfire during a great nocturnal storm.

In the beginning two men met. Each wanted to be recognized by the other in a total all-encompassing way. Each of them wanted to be the most unique, the strongest, possessor of all power and glory. And so, they faced one another in a fight to the death. A savage, brutal, fight. But only one was willing to die. The other, at the height of combat, suddenly felt terrified of finality, the horror of oblivion. The one who didn't experience that fear ended up winning and became master.

Fear of death turns us into slaves. You didn't have to be Hegel to understand that in the Venezuela of the 1980s. For us, from *Cantaura* on, those in power tried again and again to impose that fear, carve it into our flesh and even, quite literally, into the bones of anyone who rebelled. Obviously, they were repeating the blueprints of the sixties. None of this was new or exclusive to

Venezuela. And of course, it wasn't generalized policy. It would be stupid to claim that it was. It was aimed at the real, potential, and even imaginary subversives who might be operating. For the rest of the population, the lies of newspapers and television, priests' sermons, soap operas, Miss Venezuela contests, Amador Bendayan and the electoral rites that took place every five years, were enough.

Neither you nor I were there in October of 1982, in that part of the Anzoategui plains, near *Cantaura*. But in a certain sense we were witnesses. We heard enough about everything that happened. Twenty-three massacred, more than two dozen bodies tortured, torn apart with that hatred only cowards know fully. And an asshole of the supposed left, in Parliament, saying: "War is war."

At *Cantaura*, one stage of armed propaganda ended. In Venezuela it was known as the rural guerrilla. An entire leadership exterminated, a whole group of fighters brutally assassinated. Because they wanted to send a message. And once again, the rumors about infiltrators in strategic positions on that guerrilla front, and all the obvious premeditation of extermination, planned down to the smallest detail, without any consideration for the rules of engagement anywhere in the world.

The Commissioner wasn't the only one responsible for the savagery with which they treated their prisoners that day. Because there are testimonies by the survivors, those who were able to escape the military ambush. I repeat, the Commissioner wasn't the only one responsible for having tortured prisoners, people who had already surrendered, only to assassinate them later in cold blood. There are many others out there. But there is something that makes the Commissioner unique, something that makes him different from the other animals. The way he posed, the way he presented himself to the press, like a proud butcher covered in blood. And that was possible, because the TV and the press fervently supported such grotesque exhibitionism. A "hero" made to order for those who ruled the country at the time.

And there was a more global design, orders from outside. It was the period of the Central American wars, of mercenaries paid by a sad Hollywood clown, who attacked Nicaragua and perpetrated the massacres of Salvadoran peasants. *Cantaura* belongs to that era, and behind it all was the gringo doctrine of counterinsurgency, the idea that it was necessary to kill every rebel movement at inception and as brutally as possible. The Commissioner, the political police, the military forces that participated in that, the governors, ministers of State and journalists, that fucking bastard named Luis Herrera, in short, they were all pawns on a chessboard devised by others. That was what they taught the officers they sent to study at the School of the Americas.

Those were the instructions received by the policemen who took courses in Israel. They were pieces in the attempt to impose, at any cost, that fear of death as old as the struggle between masters and slaves. What Hegel did was express it in philosophical terms.

And yet, from the beginning something was missing from this creole version of Hegel's story. It was a whole system raised against those it wanted to suppress. It was never a fight between two matched forces on a level playing field. On the contrary, it was a very well-oiled machine, with an enormous budget, thousands of soldiers, Amador Bendayan, the beauty queens, the soap operas, and a vast network of Venezuelan scumbags. In contrast with the myth narrated by Hegel, there was nothing heroic in those masters or in any who preceded them. Nothing heroic but profound misery at the core, and those in the service of money, of expropriating life. And all that putrefaction, the grandeur of those who rose up and died at *Cantaura* in October of 1982. Reformism is definitively the product of a fear of death, Uruguayan.

XVIII

I read somewhere about something that happened at Auschwitz. In that concentration camp there was a group of prisoners whose job it was to wash the cadavers, clean the crematoriums, do anything the nazis ordered them to do so they might survive. A witness said that one sunny spring day that group of prisoners, during a pause in their work, played a game of football with a group of SS officers. The public cheered them, made bets, and encouraged the players as if it was an ordinary weekend match between friends who drink beer together at a village park in the countryside. The public was also composed of SS members and some prisoners in that vast machine launched by Europe's elite against the Soviet Union.

Later I read something that Agamben wrote about that football game played in a secret circle of hell that Dante was unable to explore. Agamben claimed that many people might think that game was something like a humanitarian pause in the context of absolute horror. But it's precisely the opposite. That football game demonstrates the true horror of the extermination camp. That horror painted with normalcy, in an atmosphere of comfortable bliss, of the massacres carried out by fascism everywhere, in every corner of earth.

Because that football game is still being played everywhere, again and again, forcing us to be spectators at every moment in all the television sets in the world. Can you imagine for a moment, Uruguayan, everyone who in Venezuela in 1982 continued to watch their soap operas or their baseball games as if nothing had happened at *Cantaura*? We wanted to stop that televised game at any cost.

XIX

Something published in the society pages of
El Nacional or *El universal* a few months before
Cantaura, perfectly synthesizes the way the
upper classes lived during those years. It was in
a note that Yulimar found when she was patient-
ly going through old newspapers at the national
periodical archive. *Yoko* was helping us do research for a dossier we wanted to put together
on the Commissioner and his environment. Her
find was only indirectly related to "democracy's
police." But she made a photocopy which she
brought to us with that ironic smile that charac-
terized her.

In July 1982 the wife of the then Minister of Foreign Relations, Leonor de Zambrana, invited a
large part of Caracas's jet set to a birthday party. A high society event, with the best caviar
and most expensive liquor. A gathering of the
newly rich, well covered on radio, television, and
in the printed press. The place the Chancellor's
wife choose for that event was none other than
the house where Simón Bolívar was born, at the
corner of Gradillas.

XX

Now I try to recall those days when we were first getting to know Julia and Carola, that parenthesis of peace just prior to the massacre at *El Amparo*. I met Carolina at the School of Letters. Our relationship started when she invited me to study with her at the Humanities Library, right across from the administration office. I remember that we were together in a course on the greek classics. Although it sounds like a cliché, we got to know one another reading fragments of Heraclites. And that's how, a little later, we took one of his aphorisms as a sort of private motto: "A hidden harmony is better than the obvious." Outwardly, we couldn't have been less alike. She was a luminous presence and I, stupidly, threw on me, and without anyone asking, all the idiocies of a Stalinist in search of a new Party.

I liked her more and more. I began to write poems to her, pretty bad ones, basically imitations of Eluard, Desnos and others that Lira Sosa had gotten me to read. And Carola was a spectacular blond, with her long curly hair, irresistible smile, and "Catwoman" glasses like you always said.

And now I think of that birthday of yours, at the Chilean Vero's house, when you invited a bunch of crazies who were joining us at the university protests. It was in the early morning of that ridiculous party of yours that Carola and I got together. In some corner, while something by The Cure was playing, she and I kissed for the first time. And that moment, for me, contained all the violent tenderness on earth, all the constellations beyond this world escaping in their infinite expansion to some impossible, absolutely luminous, place, as remote and intimate as everything of any importance. I also think it was at that party that you and Julia got together.

And then instead of singing Happy Birthday we shouted out the International, passionate and tuneless. We got a hold of all the beer we could find for several kilometers around and engaged in a sort of tribal dance. It was as if we were trying to turn ourselves into Indians of the Caribbean, or Aztecs prepared to extract a few hearts atop a pyramid, or Cheyenne warriors about to cut General Custer's throat. Raging beings escaped from pages yet to be written about some new apocalypse that no one could imagine would take place three months later.

I think it was a weeknight and the neighbors in the middle-class housing development were out of their minds furious at the noise we were making at 3 in the morning. We didn't give a shit. In any case, when the police finally knocked on Vero's door, we were already out of there. Carola and I went to a house in *Los Ruices* and began to taste that secret harmony that remained intact, despite everything and against it all through the most difficult times. I don't remember where you and Julia went in those early morning hours of communist intoxication, on what would be your final birthday. I think it was three days later that the *El Amparo* massacre took place.

XXI

Once you began telling me a story inspired by Borges and Philip K. Dick. A guy like us, a student at a Latin American university, was the protagonist. At the end of the twentieth century that character was beginning to write his thesis so he could graduate in history. He was writing about the Inca, about some aspect of Inca culture. He began to investigate and, little by little discovered that the reality he was living (our reality, you insisted) was, to put it simply, the recurring nightmare of an apocalyptic writer who lived in a parallel universe, another story, radically different from ours. In that other world, Tupac Amaru II had won the war against the Spanish and had founded a sort of socialist empire in South America. At the end of the twentieth century, it was an almost perfect world. And you proceeded to describe the movies, the theater and literature of that parallel universe. But this writer, this successful novelist, was writing a kind of neo-Inca social realism and, all of a sudden he began having nightmares despite the perfection of his surroundings. And those nightmares, of course, reflected the world of the student in your story, our world. "Okay, why don't you go ahead and write it," I told you, "and send it to Vargas Llosa." You didn't speak to me for something like a week. I preferred that other take-off on Phil Dick that you told me, much later, through those interminable early mornings when we couldn't sleep and were hiding from the police after February 27th.

In this other story, a history of religions professor from some unspecified country, traveled to the Middle East, to the Dead Sea, and after a series of setbacks discovered an ancient gnostic gospel. He is able to verify its date. It turns out to be the oldest gnostic gospel found to that time. He sets about to decipher it and discovers something that astonishes him. Basically, the text begins with a long universal history, from the creation of the world to the precise moment when our protagonist discovers the gospel in an Essene cave, even giving the details of the find and the name of the historian. At the end of the gospel, the protagonist of your other story encounters the classic gnostic thesis. This world is nothing more than the creation of a devil in rebellion against a god who is radically external to the earth, to flesh, to our physical existence. Like I told you at the time, you were some sort of savage gnostic, lost in a universe created by dark demons.

And there was something fundamentally true in those stories you never wrote. Stories or novels that perhaps themselves exist in some parallel universe, texts hidden in some inaccessible corner of the Total Library. That radical truth had a lot to do with the hallucinatory atmosphere that was part of the violence that always threatened

us. Its nightmare nature was designed to pre-
serve our order. Three massacres, you told me
during those early mornings of curfew. Three
massacres between 1982 and 1988. Like pream-
bles to the fourth and most brutal of them all.

XXII

Now I remember how we found out about the massacre at *El Amparo*. It was at the café in the School of Economics at the university, where we were still telling jokes about your birthday. I think there was a television set, and they were broadcasting the news, or a radio that belonged to one of those who made coffee. The headline was something like: "13 Colombian guerrillas die in clash with Venezuelan troops on our country's border." It was something like that, what the fuckers said.

Right there we began to organize a protest, even before we learned the truth that was about to come out. We started to round up the people who had participated in the act of repudiation against Pinochet. Others joined us, kids from the high schools, a few tough guys *Guajiro* sent who came from the Campo Rico Technical School. At the time, we didn't have any weapons. The Party kept what few we'd been able to secure risking our skin in several attacks in which we were able to disarm the police during 1987. I went to the house at *Los Ruices* because there was a typewriter there, and I got to work and produced a pamphlet that became obsolete in no time at all. What I had written denounced a repetition of *Cantaura* and Yumare. I remember it as a text filled with clichés, not at all effective. The thing is, there were two survivors of the massacre, two fishermen of the region whose names appeared in the official report of fallen "guerrillas." Those survivors were able to get to Caracas, to Petare—don't ask me how—to the home of a priest named Matías Camuñas who gave them refuge. I think it was from Camuñas' church that we quickly began to organize ourselves and denounce what had happened. 14 fishermen, from the Apure River, from Arauca, slaughtered by gunfire by the Commissioner's men. Everything pointed to the fact that it had been a setup, an operation to favor promotions and the approval of greater amounts of money for a group of border security. In short, all that lack of respect for life, all that mix of shit and basic almost ontological corruption that Lusinchi's stupid smile expressed so eloquently.

You, Uruguayan, began gathering material to make Molotov cocktails and homemade explosives. You kept what you were able to obtain somewhere I didn't know about on *Simon Bolivar*, where you also had stuff left over from your time with the Caracas regional underground. I rewrote the pamphlet we were going to reproduce at the *Simón* as well as I could. I was still working until late into the early morning, earning the complaints of a neighbor who couldn't sleep, a guy who was the son of a friend of my family who had rented a part of the house at *Los Ruices*. Through the little wall that separated the two parts of the house, the guy insulted me until he got tired. I laughed like crazy to myself without responding. Later I'll tell you what happened to that poor devil during the difficult days of the *Caracazo*.

I went up to the *Simón* with the more or less finished text in hand. Carola drove me at dawn in her mother's modest red Chevette and we began to go over our options. I remember the mist hanging on the Sartenejas pine trees, and Carola drinking coffee from a thermos. You were with Julia and came from talking with the *Guajiro* about the possibilities of mobilizing a couple of high schools in the area of Petare near the Campo Rico Technical School campus. We knew that the only thing we could really count on was what little we had at the UCV. A protest against the massacre was unimaginable on the *Simón Bolívar*. "We've got to organize a big event, a real presence that will be felt," Carola said, as we watched the playback of images on a little black and white television set, repeating in invented detail the official version of what had happened. "When the revolution comes, we've got to shoot, hang, or slit the throats of a few journalists," you said, enraged by so much cynicism, so much violence dressed up like freedom of expression.

XXIII

Of all that era's protests, I'm left with the memory of stifled breath, asphyxiation produced by the gases, the odor of vinegar mixed with sweat beneath our masks. Even though we frequently switched locations to make the damn police's identification of us more difficult. My auditory memory also preserves the vibration, like bees fleeing a fire, of the shots fired by the DISIP's sharpshooters.

When *El Amparo* took place, I think it was a Thursday and we started out on either side of the Tamanaco gate, where the Salvador Allende statue is, stringing barbed wire from one pole to another to stop the motorized police. We advanced, burning down the transit module on the freeway while other groups, with the few weapons they were able to get, got themselves into position to repel the National Guard if it attacked from the direction of the Botanical Garden. A storm of rocks and bottles. A poster hanging from the arch at the entrance to the University demanding punishment for those guilty of the massacre. Students and workers joined us. We must remember that the height of 1987's upsurge had passed, and we no longer saw great masses of students in the street. Still, it was a large demonstration, and had all the elements that reflected, for us, the *Meridian march*, a model to be followed, a way of trying to link the people's struggles to the protests at the University. And, as always, in the midst of it all was our need to organize, to create the embryo of a vanguard organization.

Now, so many years later, that pretension might sound infantile or naive. But that was our plan at the time. One thing I want to add to all this was that among those closest to us you had begun to say that Venezuela was experiencing a pre-revolutionary situation, "with something holding back the mass movement," you said with hallucinatory insistence.

A pre-revolutionary situation. You got the concept from a book by Marta Harnecker and applied it lock stock and barrel to Venezuela. Anyone, except for the girls and me, looked at you as if you were crazy. It really did seem like some sort of delirium. Yet there was a method to your madness. You would analyze what was happening here and there, the economic measures the next *Democratic action* and *Social christian* governments would take, and you predicted the possibility that something like what happened in 1987 would be reactivated with greater popular participation. But nothing, not even the author of *The elemental concepts of historic materialism*, could prepare you for the radicality of what was to come. No one could imagine it.

The outcome of that day was that almost all of us ended up with pellet or bullet wounds. A dozen guys were at the center of it all, and from then on they began to talk, first at the University and later in the press, about the *Gallows twelve*. I was left with the most ridiculous part of the day, do you remember, Uruguayan? Early in the afternoon and in the middle of a brutal siege by the anti-riot brigade, I decided to launch an enormous explosive device with an extremely short fuse that you had brought from *Simón* and that, laughing, you said no one would be crazy enough to use. "We've got to lengthen the wick and place it somewhere when they come towards us."

Well, Uruguayan, I tried to be crazier than you that afternoon and I picked up that device, filled with powder, nails, and ground glass, and threw it at a group of fuckers who were advancing towards us. It's good that thing didn't blow up in my hands. It exploded very near me, leaving my pants in shreds and me wounded in one leg. Two or three police were also wounded in that explosion that left me almost deaf for several days.

And it was there that *Pelo Lindo* and *el Negro* Pedro dragged me away from the PM's rain of lead and took me to a place that was more or less safe where someone cleaned my wounds while you, nearby, shit yourself laughing about that lunatic who from that moment on you baptized as the *Palestinian*, after their suicide attacks.

From then on, we would be a *Tupamaro* and a *Palestinian* belonging, no more and no less, to the *Gallows twelve*.

67

XXIV

I remember our trips on the subway, between *Los dos caminos* and *La Paz*, going to meetings at *La Vega* with folks from the Cristian Community. Sometimes, almost always late at night, we came from *Cangilones*, walking to the Lion's Bridge to take the train to *Silencio*, talking about one conspiracy or another. "The masked ones," you said mockingly, when the train passed one of those stations, almost deserted as they all were at that hour.

Obviously the main, most obsessive and recurrent conspiracy of them all was the passport to nowhere with a first-class visa to hell we wanted to give the Commissioner. *El Amparo* had provided us with the perfect political context in which to off the bastard. But, because of one of those chance occurrences, the guy had suffered an accident and was confined to a military hospital. Still, we continued to circle his mother's house, photographing every detail with Julia's camera, making diagrams, exploring entrances and exits, thinking over and over about how we might get away following the execution.

And just think again, Uruguayan, about the precariousness of the beginnings of that uprising we were trying to put together. We threw stones, followed torturers, had dozens of meetings with guys who were looking, like we were, for a way to turn the Venezuelan revolution around after so many defeats, massacres, and betrayals. It was all about disarming someone with our bare hands over here, beating up a poor guard or half-asleep policeman sometime in the early morning over there. It was about asking if someone could lend us the use of their house in an emergency. And even farther over there, the only thing we had found to that point was a desert we planned on crossing, in search of a new land that no one had promised us. And we couldn't really trust the maps we had, Jaurena.

And so, we risked it all in every action, violating every rational principle of the "accumulation of forces" and gathering what weapons we could. A pair of revolvers, two 9-millimeter pistols, and an HK machine gun. We always shit ourselves laughing when we thought about the terror of that poor policeman, from whom we stole it at a place whose name I don't want to remember. You always got considerable pleasure from mimicking his gestures, imitating the look on his face as we disarmed him with one clean blow. And you repeated that mimicry in the most incredible situations out of the pure joy of remembering.

Sometimes we got help from some of the other "executioners," "executionaries," or "execution-fabularies", as the press and other idiots were already beginning to call us. But we almost always entered those actions alone, the two of us, once in a while with *Yoko*'s help or that of our *Rustproof* women.

XXV

There is something archaic in this history of yours, Jaurena. Something I can't define. Some vibe that can only perhaps be found in old songs about forgotten battles, in epic poems, forever lost, from which some tried to retrieve a sense of worth and true courage. And now I remember so many actions of extraordinary audacity and I'm only left with what you might have understood, in those pauses before the next challenge, that your soul's destiny was something like the hardest stones: to end up polished until they acquired an almost inhuman transparency from the world's savage weather.

Or maybe that something I can't define is what the ancient ones called honor, that old, overused word, worn and abused through the centuries. I can't stop thinking about all this when I remember our conversations about the issue of weaponry, the enormous risks we took to get each of those we acquired, and I remember a phrase of yours: "Our honor will be in fighting with them when we have them and without them when we don't." There's definitely something archaic in all this, Jaurena. Archaic like the inexplicable splendor of certain weapons when dawn is about to break.

XXVI

Listening to John Coltrane, while snow falls at night and ceaselessly hits the windows, has me stubbornly ignoring everything dictated by fire between these naked walls. These early morning hours have been endless. In almost total darkness, I listen to the psalm from *A love supreme*, that hymn that a great great grandson of rebellious slaves recorded one afternoon in 1965, before you and I were born, Uruguayan.

I never knew if you were able to hear it. But now, Jaurena, without knowing exactly why, I can't stop associating that music, those notes that are the painful harvest of who knows how many fissures, I can't, I say, as I link those desperate notes to my memory of the early mornings when we gathered materials for molotovs and other explosive devices. Or with that endless night when, along with Julia and Carola, you knitted the red and black masks with which we would take, with our few arms and accompanied by the *Gallows twelve*, the hallways of the UCV and declared total and absolute war on Carlos Andrés Pérez's second administration.

It was January 23rd, 1989. Our declaration of war, at that moment, seemed to almost everyone at the University like the crazy act of some

71

youngsters. And of course, it was. But, in spite of us, that gesture would one month later be retroactively transformed into a strange prophecy of rebellion and death.

XXVII

The days of protesting *El Amparo* passed. I was staying at *Yoko*'s apartment with my fucked up left leg, reading some things she'd written about Eduardo Sifontes. You got the idea of keeping the submachine gun at that house and it was there that whole time, under the bed where I slept, just in case an opportunity presented itself around the family visits our upstairs neighbor received. But nothing happened, and finally, between Carola's jealousy, *Yoko*'s tremendous stress, and the medical treatment for my leg, we ended up removing the weapon and transporting me somewhere else. For the moment, the *Palestinian* wouldn't engage in another suicide mission. You laughed, imagining me hopping around in the building's halls, trying to wield an HK in an attempt to pump the Commissioner full of his deserved quota of lead.

Nineteen eighty-eight ended. Those bagpipes you hated so much could be heard on every commercial radio station. The presidential elections were upon us, and the television was full of the grotesque spectacle of Carlos Andrés Pérez, like some sinister clown, promising the return of a Saudi Venezuela. Nights and early mornings found us walking through the streets of that Caracas that, for us, was split between *La Vega* and the University. It seemed impossible to find any hope in the multitude of faces we saw roaming the avenues and boulevards. Or perhaps our aristocratic ultra-leftism, as you called it, prevented us from seeing signs of the vast fire to come.

XXVIII

February began and time accelerated so fast and savagely that everything before faded, fleeing from our present as if years and even decades had condensed during that time. You continued to talk about a "pre-revolutionary situation" everywhere you could: at dawn at a ranch in Catia, in an almost empty classroom of a school near Petare, at a corner of a basketball court, or with the members of the January 23rd cultural group. I wasn't so convinced of that prediction and preferred to devote myself to organizing something we ended up calling Popular Resistance Groups, a name we felt combined the *Gallows twelve* and the Christian Community of *La Vega*. All the while, we kept trying to decipher what we saw before us. You didn't have to be very astute to notice the mixture of surprise and courage with which, a few days before February 27th, people in the streets talked about two events that ultimately became grotesquely notorious: Carlos Andrés Pérez's "coronation" and "the wedding of the century."

I remember that we were at the house in *Los Ruices* with the girls when the Pérez affair began playing on television. We watched the ceremony in bits and pieces, raising or lowering the sound, while reading some newspapers that

Julia and Carola had brought. I found it all un-
bearable, but finally got tired of asking them to
turn off that old black and white set. You were
clearly enjoying yourself, laughing out loud as
the highlights flashed across the small screen.
The Teresa Carreño theater filled with heads of
State, ministers, ex-ministers or future ministers,
ambassadors, business magnates, in short: the
"living forces" as the official anchorman insisted on calling them. I'm sure that, watching it all
you contemplated every possibility of interrupt-
ing the party. I also remember the girls laughing
at the hairdos of the old *Democratic action* women
sitting in the front row, eyesores that were perfectly consistent with the ontological vulgarity of
the recently elected megalomaniac. "Memorable
too," Carola added, continuing to smile. The cli-
max of the whole comedy was Carlos Andrés's
speech. The passages in which he urged sacrifice
and austerity were as distant from that extrav-
aganza as a prayer to Saint Francis of Assis in a
pornographic film studio.

XXIX

Against your repeated appeals, *Yoko* ended up moving from the apartment on *Nueva Granada* Avenue to one in *Parque Central*. By then she had distanced herself a little because of Julia's and Carola's jealousy. But we always tried to remain loyal to our "get together on the stone benches" as she called those always hurried meetings at *Los Caobos*, near Maragall's Venezuela Fountain.

Those get togethers were in the afternoons, a half hour before she went to work at Margot Benecerraf. Sometimes she would bring us documents about the *Disobedient ones*, we would bring her some book or other, or she would add an ironic detail to the file of articles we were preparing on the Commissioner. The truth is, that file was becoming excessive, almost a life history, filled with press clippings from the Luis Herrera and Lusinchi administrations, beginning more or less with the Cantaura massacre.

As we saw her approach, diminutive, apparently fragile, with her sweater that belonged to her movie theater uniform, you would invariably begin to hum *Imagine* by John Lennon and *Yoko*, also invariably, greeted us with her false disdain for you: "Are you going to keep that up?"

I remember the exact date of one meeting in particular. It was around five in the afternoon, Sunday, February 19th, 1989. I remember it because *Yoko* was holding that day's front page of *El Diario de Caracas*. "Look at this, almost the whole country dying of hunger because of this shit and these morons as if they lived in another galaxy." The headline read: "Wedding of the century."

"There are exceptions to the crisis. One of the most noteworthy was the wedding of the Tinoco-Cisneros Fontanels couple, Gonzalo and Mariela, who were married at the *Siervas del Santísimo* chapel, a neogothic jewel of Caracas architecture. From there the bridal party left in 20 luxurious buses and a Rolls Royce, in the midst of a great display of security, for the *Alto hatillo*, where they were met with a buffet of caviar, lobster, and salmon mousse, accompanied by several thousand bottles of *Le grand dame* champaign. Five thousand guests were expected. Of these, 200 arrived from outside the country—from such places as Italy, Tahiti, and the United States, each with a first-class ticket paid for in Caracas…".

When she finished reading you murmured something about a party venue made to resemble the Titanic or something similar. "We can only hope," *Yoko* whispered, and the rest of the time there she spent talking about how she would devote herself to chronicling the Commissioner's future execution. The book would be in the form of a counterpoint between the detailed story of the attack and the newspaper articles from the whole period of 1982 to 1989. She got up and hurried off, almost without saying goodbye, because the five o'clock showing was about to begin. A week later she was murdered by one of the police who repressed those at the *Caracazo*.

XXX

Now I remember the week before the *Caracazo*. On the 20th we woke to the news in the house at *Los Ruices*. It was in the papers Julia just brought, of the assassination of Dannis Villasana, an engineering student at the UCV who had participated in the protests of 1987 and '88. The day before the police had tried to detain him in the center of the city and when he escaped, they shot him in the back. He was the best student at his school, and one of the country's most important newspapers bore the headline: "A delinquent's sad end," commentary to a photograph in which he appeared splayed on the sidewalk of any old street.

Once we got to the University, we discovered that the different political groups were preparing a demonstration that very afternoon. The idea was to block *Francisco de Miranda* Avenue as well as *Los Ilustres* in order to denounce the murder and its cynical coverup. It was crucial at that moment to frame that crime as part of the repressive policy against those who opposed the CAP's *paquetazo*. The various leftist organizations were gathered in the Engineering School's auditorium. It was there that we began to coordinate our self-defense with the *Disobedients* and some friends who were representatives from the Federation of Centers.

We, along with the already excessively famous *Gallows twelve,* decided to position ourselves at the *Las Tres Gracias* exit and the other arch that leads to the University Hospital. Julia and Carola, in the indestructible red Chevette, made a run along all of *Los Ilustres* avenue, verifying the police presence activated after all the agitation at the University. There would be shooting.

The protest started at 12 sharp. I remember that all that afternoon we went back and forth between *Tres Gracias* and the clinic entrance, changing our masks and jackets. We put an ointment prepared by *Yoko* around our eyes, a mixture of *Nivea* and *Terramycin* that would supposedly counteract the effects of all those teargas bombs they were throwing at us.

During the first attempt to barricade *Los Ilustres,* as a group of students tried to push a kidnapped truck in the way, sharpshooters fired the initial rounds and the first wounded fell. Finally, after a rain of stones, molotovs and other explosives that forced the police to retreat to the church of San Pedro, they were able to set fire to the truck and block off the avenue. They also got some big steel dumpsters and closed off that whole University entrance. From behind that barricade, the protesters launched explosives at the police who had once again formed a line on the opposite curb. It was there that you saw an official in the role of sharpshooter, crouched behind a low wall, on the sidewalk that goes up to *San Pedro.*

The guy was using a powerful handgun, probably a Magnum 357.

Julia, Carola, you, and I retreated beside the pharmacy. We decided to respond to the sharpshooter with our two 9 mm. pistols: the man was located less than 150 feet in front of the burning truck and dumpsters. At that distance and with both weapons we managed to neutralize him, blocking the angle of his shot for quite a while. There would have been other hidden shooters but that was a risk we had to take to avoid this one being able to continue to act. Like always: we couldn't kill him because that would be the perfect excuse for a vast campaign of criminality that would destroy any possibility of getting the students to continue to take part in the demonstrations. "Shoot as close to him as you can, raise some earth as close as possible," as you said, it was all an art, an ability that, more than anything, required an expert's cold blood. We decided that if the policeman looked out from behind his parapet, we would try to shoot at the wall. The girls didn't agree. It was too risky, and, in any case, it was preferable, according to Julia, to allow the police to expose themselves as assassins if they killed another student, before pretending to shoot to wound or scare them. You saw the girls' disapproving faces and for the first time used an expression you would often repeat during those long days of the *Caracazo*. It was a line from a song they kept playing on the radio: "Don't worry, be happy." And just like that,

without another word, you moved toward the
entrance to the University whistling the Bobby
McFerrin melody.

That's how another of the many astonishing
clashes you were involved in began, Jaurena.

XXXI

My best guess is that the guy behind the wall was positioned to trick us. Maybe they were trying to get one of the masked protesters with a gun to respond and in that way enable another sharp-shooter with a rifle on one of the nearby roofs to fire on him. We casually talked about this as we took our places beneath the entrance arch. "We may be crazy, but we don't eat shit," you said, pointing to the telephone booth across the street and perpendicular to the policeman behind the parapet. Since it was made of concrete, covered, and situated beneath some trees, it was an ideal place from which to contain the bastard.

We waited for the demonstrators' second attempt to take *Los Ilustres*. We saw the sharpshooter stick his head out and shoot. One of the students fell, wounded in a leg. I thought I observed an expectant pause on the part of the police while some of us retrieved the wounded guy. You scrutinized the nearest rooftops, trying to see if you could detect other sharpshooters. They hit us with another volley of explosives and tear-gas bombs, the same as before, repeatedly over the next two hours. Our wounded continued to fall, and at a certain point, straying completely from what we'd agreed, you ran and positioned yourself behind one of the dumpsters, the one that was next to the still-smoking truck. I ran after you, shouting whatever occurred to me to get you to stop. Although I'm not sure, I think I heard you repeat "Don't worry be happy" before making that dash.

What happened later was a sequence registered by a photographer from *Elite* magazine. One of the photos appeared on the front page of every newspaper the following day: a masked man frozen in the act of throwing a Molotov cocktail and me shooting at the solid wall of Military Police. You are beside me, looking up at the roofs, but since we are masked and with our backs to the photographer you can't tell from looking at the image. The action from that position continued for several minutes. When I had no more ammunition, you took my place and began to shoot but it was clear to me that you wanted to kill the cop. Suddenly, the officer began to retreat, bending over nervously, trying to get to another higher wall some sixty feet behind him. Without much hope, I shouted at you: "Give him a kick…" and it was a good thing that soon after you too ran out of bullets. But now it was up to us to get out of there any way we could.

All this had to have lasted five minutes, if that. I don't remember what happened to the masked protester who can be seen with us in the photo. What I do remember is that before running towards the Clinic I shouted at you: "Enough with that shitty song already."

When an enormous cloud of gas finally dispersed, we returned once more to the arch where a large number of protesters were concentrated. We came from the Main Library's parking lot where the girls helped us change our masks and jackets. Since we no longer had any ammunition, they hung onto our weapons. "You finally took off that shirt that Carola gave you," you said laughing, or something like that. And it's that the masks were simply t-shirts that we put around our heads with their sleeves tied behind. And you'd made fun of a t-shirt with an image of Hello Kitty that I'd been wearing while we were shooting at the MP official.

I wasn't surprised when a short time later I saw a masked guy with the same t-shirt. The girls had probably thrown it away and the guy retrieved it and put it on. But you began to get upset when you saw that a man was advancing to throw some stones, positioning himself very near the burnt truck and the dumpsters. You ran over and made it a few feet, but I couldn't move because right away I heard several shots. I saw you throw yourself to the ground and retreat. I also saw how three other students were dragging the guy wearing the Hello Kitty t-shirt. He had been shot in the head.

XXXII

I spent the next day at the house in *Los Ruices*. The dead protester was Carlos Yépez, an employee at the University. The University authorities had declared an act of mourning at the center and the wake was to be held in the Great Hall. Another demonstration was called for Wednesday with the idea of keeping up the protest in the face of the increase in the price of public transportation decreed by the government and set to go into effect on Monday, February 27th.

That day, like so many others, I spent at my old Olivetti, writing a pamphlet about police repression, and retyping my notes for a paper I had to do for the School of Letters. Once again, like so many times before, I heard the shouts and complaints of the guy who lived next door. It seemed he was a private night watchmen who slept during the day. The most intriguing insults, shouted from the other side of the thin wall that separated the two spaces, were on the order of: "I know what you're mixed up in, son of a bitch, damned communist... quit fucking around... your family is against all that, crazy guy..." Once again, I laughed loudly, lit a cigarette, and kept typing with all I had.

I seem to recall, that afternoon I went out to contact you and the girls at *La Plácete*, a bread store located in the upper part of *La Castellana*, above *Plaza Francia*, near the Rómulo Gallegos House. I don't remember exactly what it was that we were going to discuss. I think it was the transfer of all our guns and small amount of ammunition from Julia's house in *Cafetal*, to the apartment a friend at the University who had gone to study in France had lent to Carolina. The apartment was in *Paraíso*, relatively close to Santa María University but on the side of the Francisco Fajardo Highway. An important note: the owner of the apartment was a colonel who was Carola's friend's lover and who at the time was military attaché in Paris. Paradoxically, this made it the perfect hiding place.

The thing is, after discussing all that, I returned to *Los Ruices* to keep on working, but the typewriter was gone. There was no forced entry, so it was easy enough to figure out who had been responsible for taking it. I jumped the wall, but the back door of the adjoining apartment was locked. I knocked as loudly as I could, shouted, cussed out my neighbor, but nothing. I went around to the front door, an independent entranceway, but couldn't rouse anyone there either. I called my grandmother, who was the owner of the house, and she told me that the guy, her friend's son, did nothing but complain about the noise the typewriter made and the "strange" meetings I was always having. I hung up the phone and decided to go to my apartment in *Paraíso* and on my way stop to ask Carolina if she had a type-writer that she could lend me.

I'm saying all this because in the days immediately following the *Caracazo*, after the state of siege had gone into effect, the house at *Los Ruices* was raided by a DISIP contingent. It was clear that one of the *Gallows twelve* ended up ratting it out during those days of persecutions, detentions, and tortures. In any case, we learned about that raid when I called my parents' house well into March. All that time we'd been moving between *La Vega* and the new apartment in *Paraíso*. The thing is, something happened that caused you to make jokes and laugh from then on. The political police raided the house in the early morning hours of March 1st and of course they also entered the apartment of that neighbor who had stolen the Olivetti. As I've already said, the poor guy was a night watchman. In his room, apart from that typewriter used to write tons of subversive pamphlets, he had a 38 mm revolver, some bullets, and an olive-green jacket leftover from his military service. His detention was the beginning of a long calvary that included periods of isolation, every sort of blow, and the extraction of his fingernails during interrogations about things of which he was totally innocent.

XXXIII

They always describe the *Caracazo* as an explosion and that it was. But the beginning of that explosion, for us, was a delayed action, as if in slow motion. Because, although we got to the University very early that 27th, we were waiting around, listening to rumors coming in from demonstrations taking place in *Guarenas* and at Caracas's *Nuevo Circo* terminal. We accompanied a large group of high school students who appeared, as if from nowhere, to block the entrance to campus. At the same time, some student leaders called for people go out and protest in the center of the city. We were more conservative and decided to wait rather than join them. Along with *The twelve* and the crazy high school kids, we threw some stones and molotovs at the few police we saw around *Tres Gracias* and *Plaza Venezuela*. The forces of order seemed curiously passive.

The night before, the girls had stayed at Carola's house, and her mother, considering the previous week's deaths, forbid them to leave. I think she even went so far as to throw the apartment keys off the balcony.

Yoko was meeting with the *Disobedients*. They were in agreement about going to the center, to

Nuevo Circo, to take part and provide some direction to what was happening. We were sitting on the grass, near the school of Social Work, when we caught sight of Yulimar with *Catire*, my friend from high school on Margarita. I think it was midday but I'm not really sure. They waved before going to *Nuevo Circo*. "Get off your butts and come on... Or are you two and your little girlfriends the illuminated vanguard above all the rest of us mortals?" We laughed and waved goodbye.

At the end of that afternoon, we left with the high school kids for *Plaza Venezuela*, testing the situation as we went along. What we discovered seemed like part of an ambush but wasn't: the police had retreated completely. Even the traffic was stopped and there were no vehicles on *Francisco Fajardo*. We stayed for a while on the outskirts of the plaza, our faces uncovered, watching a few pedestrians running from one side to the other. You and three or four others risked going as far as *Previsora* and found the subway stations closed. It was night by the time we got back to the University, and we decided I should go, however I could, to the apartment via the 905 while you tried to call the girls and meet them near *Castellana* and convince them to escape in the red Chevette. One way or another, with or without them, we agreed to meet at first light on the 28th at the University's covered plaza.

XXXIV

I went on foot along *Los Ilustres* until I got to *Avenida Victoria*. Apparently, nothing was going on and there was a big crush of vehicles. I managed to find a public telephone and called Iván's house, but no one picked up. He was one of the guys from the Christian Community at *La Vega*. I don't know how many times I dialed his number, until I was finally able to leave a message with one of his sisters. The idea was that we'd meet between 9 and 10 that night at *Madariaga del Paraíso Plaza*, on the benches across from the *Santa María*. I kept on walking in the direction of the *Helicoide*, towards the 905, where I managed to get a taxi that charged an exorbitant amount to take me to the apartment. It was that taxi driver who told me the police had killed a student in Central Park. I didn't have any more information than that, and it never entered my mind that *Yoko* had been the first mortal victim of the *Caracazo* repression.

I got to the apartment and immediately began to check to see that everything was as it should be. Mechanically, without giving it too much thought, I looked at the pistols and submachine gun. I counted the number of bullets we had, removed and replaced the two grenades in a couple of padded cases you'd found who knows where.

On radio and television, they were talking about a few isolated protests. I waited for the agreed upon time and went down to the plaza where I waited for Iván to appear. We agreed that we were looking at an enormous popular uprising but without direction or strategic goals. Up to that point the police's repressive capacity had been overwhelming. Later Iván repeated what the taxi driver had told me: although there had been a huge number of wounded, only one student had died so far. We finally agreed that the next day, after renewing our contact with you and the girls, the four of us would go to *La Vega* to support whatever we could.

XXXV

I remember your face when we finally found one another. It was 7 a.m. on the 28th, near the rectory. I arrived on the back of a motor scooter that belonged to a friend of Iván. I had the two pistols and the grenades in a small bag. I was surprised by the festive atmosphere when we crossed the 905. "It's the same at *La Vega,*" said the friend who brought me.

"They killed *Yoko,*" you said as soon as we saw each other. A brutal unreal blow, a pang of incredulity. It was suddenly as if some inhuman force had flung me onto another planet, imprisoned me in an icy cell, far from all movement and all life. I don't know how long we stood there without saying anything, feeling removed from it all, until we sat down on the ground by the Léger mural. I tried to lose myself there in the yellow, blue and red mosaics. You began to tell me what *el Francés*, one of the *Disobedient ones*, had told you when he found you accidentally a short time before near the Federation of Centers.

Yoko had been with them at the *Nuevo Circo* terminal, shouting slogans against the repression and the increase in the cost of transportation. The crowd of demonstrators was being attacked again and again with pellets and teargas bombs.

In one of those police assaults, *Yoko* and *Catire* ran, along with many others, towards the buildings in *Parque Central*. From there, she kept on shouting, from the flower beds at *Tajamar*, pointing out and insulting the police who were repressing them. She even gave a brief interview to a television channel denouncing the plan. It was just after she made that declaration that a cop shot her with a pellet gun, close up. *Yoko* was a small woman, physically very delicate. The projectiles wounded her severely in the neck and she bled out while *Catire*, desperately tried to get her to the University clinic. As an epilogue, you added: "We should grab the first policeman we find and break him in two."

There was a long silence. I felt like a boxer desperately looking for a way to avoid a blow. Later you said not even the girls could escape. That's why you asked Vero for refuge in that apartment where we celebrated your last birthday. From there, the next morning, you arrived at the University on foot. There was no public transportation.

We were still sitting there when *Gocho*, one of the *Gallows twelve*, joined us. He was one of those who always and in all situations assumed the most radical positions. He had come from the clinic morgue where Yulimar's body still lay. He was nervous as he said that the civil police continued to be in evidence around the University Hospital. It was clear they would arrest those who approached to show solidarity with *Yoko*'s friends. The government would probably raid the University. He'd also heard employees of the rectory talking about a possible suspension of immunity and state of siege throughout the whole country. Suddenly, as if I had just awakened, I told you: "Let's go to *La Vega*... let's find a car."

XXXVI

Long after Yulimar's death, during vacations at my parents' house, I found a box with some of her books. It was full of stuff from one of our many hurried moves that were characteristic of that era. There was nothing politically significant among those papers, and almost all the books were poetry collections: Catulo, Cavafys, Pound, and Juarroz, all underlined and with notes in the margins in her handwriting. Going through those pages, I found a text by Ramos Sucre about a battle in the war of independence. The poet spoke of the nobility of the officers who died in combat and how the Liberator had managed to combine all those personalities in the great fire of the war of liberation. In our *Yoko*'s writing I saw the last passage she'd underlined: "With the same goal of unifying the night, the wise peasant employs the trees' many virtues when they offer their branches to make a single torch."

XXXVII

With our faces uncovered and guns aimed we requisitioned a car in the Architecture parking garage. Its owner was a student and we told him we would return it to him very soon somewhere in the area of the University. A promise we fulfilled in mid-March with the help of the girls. *Gocho* came with us, and he was driving. We went back on *Los Ilustres* to *Avenida Victoria* while the guy, the son of a sociology professor, didn't stop talking. Once again that incendiary discourse about armed struggle, repeated unchanged.

When we got to the *Nueva Granada* elevated highway, before crossing to the 905, you told *Gocho* to stop the car. The three of us waited. We could hear something like thunder in the distance. At first total silence seemed to return, an ominous silence, the kind that only exists in old Hollywood films announcing the end of the world. Then a deep rumble coming closer and sounding as if it was coming from some cathedral that had been under water for eons. It was then that we began to distinguish the voices of a multitude moving from the center to the *Helicoide* singing the National Anthem.

As we went along the 905, we could see a great human mass carrying food, televisions, furniture, just about anything they'd been able to loot from the nearby commercial centers. Finally we arrived at *La Vega*, where we found another crowd looting the supermarket located in front of *La India* plaza. We got as far as the Amanda Schnell School where we left the car and continued on foot as far as the gateway to the neighborhood. Right away we could see that the National Guard and the DISIP were spreading out in an effort to contain the multitude. It was clear they were prepared to attack. It was there that *Gocho*, the most radical of all the Marxists, the toughest of the ultras, looked at me with a pale face and glazed eyes and handed me the keys to the car: "I'm sorry, guys, but this is too much…". And he ran off toward the upper part of the neighborhood. I didn't know whether to laugh or cry. You cussed him out, shouting that we would execute him when all this was over. I laughed then, and you looked at me with infinite disapproval when I added: "Comrade, you alone believe that this is the nucleus of an urban guerrilla…".

That was how we suddenly found ourselves with those two pistols, beside that human mass, a multitude that appeared frozen, totally defenseless, in the vortex of the rain of lead that the National Guard and one or another DISIP officials began to unleash with calculated vengeance. Curiously, I don't remember any sound at all. No screams or bursts of gunfire. It is as if the demon of memory, overcome by the whole scene, had focused without consulting me on recording sequences of images, colors, gestures.

That's why I will never forget the startled face of a pregnant woman who fell very near us, shot in the belly. The body of a young boy who was carrying some canned food was almost severed in two, splayed on the asphalt. Your own face, Jaurena (later I knew the same was true of mine), covered in blood from the shards of rifle bullets rained on a shelter we found, a small wall, too small, at the corner of one of those sidewalks common to those neighborhoods' irregular design. Very soon we were without ammunition. To have used our weapons in that situation was not only suicidal but completely useless. I heard you, then, cursing the moment we'd decided to leave the submachine gun behind. That's when the Guard began to move forward, shooting as they went, as if employing a pincer maneuver against the people running toward the upper part of the neighborhood. And it was then that you decided to throw one of the grenades at the military's forward line. We automatically threw ourselves onto the ground, supporting ourselves with our forearms, waiting for an explosion that didn't come. And just then it was if, in a fraction of a second, a breach opened up in that vast silence in which I keep all those images in my head, and I heard the grenade ricocheting against the pavement, rolling slowly and morosely. You looked out. Later you told me that you saw the guards retreating in terror. As if automatically, and taking advantage of the enemy's confusion, we ran up toward the boulevard. We'd just begun to flee when the rain of bullets began again.

It was a desperate breathless race, and we didn't stop until we reached a barricade made of burnt cars and steel containers, almost at the entrance to the cement factory.

XXXVIII

Sometimes a crowd crosses a certain threshold and becomes something too big to name. You can't count it, even if a computer calculates the precise number of those involved. Its power is no longer a question of arithmetic. Neither is its nature a matter for calendars or clocks. It's as if that mass were injected by unnamable forces. By thousands of other masses, ghostly or virtual, that add to the power of all the living bodies taking to the streets. You can call that type of multitude by whatever name you want, generics such as "historical subject," "materialization of collective memory," "social will," "war machines," etc. Whatever name you prefer. But what is important is something else, at least in terms of the human mass that became the *Caracazo*: the miraculous meeting between that which was and that which can be, at the point of its most radical affirmation of equality.

XXXIX

Carlos Andrés Pérez had ordered the suspension of guarantees and a curfew. In spite of that, the NG and DISIP limited themselves to controlling the entrance to the neighborhood. We were still near the *Cementos la Vega* gate when we heard a group of people talking about the decree. One thing that ended up becoming a great joke was the Minister of the Interior, live and direct, fainting when he tried to read the State of Exception mandate. We continued going down towards Iván's house, near the boulevard, when we saw a small group of looters resting. They were carrying huge cuts of beef from the supermarket. You died laughing every time you remembered the conversation we heard as we passed. It went more or less like this. One of them was explaining to the others, in total seriousness: "Dude, the government suspended the guarantees… so nobody is guaranteed anything. For example, Dude, if you shoot a policeman and he dies, nothing will happen to you, because they've suspended the guarantees…"

XL

In reality, a vast and punishing operation was being launched against an entire population. Large contingents of troops were situated at strategic points around Caracas. An impressive display of tanks and armored vehicles. And that was the context for the great massacre that took place between February 28th and March 5th, along with raids and the detention of students and leftist leaders, among them some of the *Disobedient ones* who lay next to *Yoko* at the morgue. These were tortured for several weeks, accused of armed rebellion and of having planned the demonstrations of the 27th, which from any point of view was absurd.

By March 2nd people were no longer in the streets, which were under the joint control of the armed forces and police. During all those nights, from an abandoned ranch where Iván had taken us, located very close to the *Amanda Schell*, we heard continuous gunfire from the armored vehicles that moved through the neighborhood's main streets. There were people wounded or assassinated in their homes. The State's message was very clear: "This is what happens when you decide to rebel.'

During the first night in hiding, a friend from the Christian Community brought us a big unopened box full of detective novels and science fiction. Also, some bottles of water and a bag of chocolates and other candy. There was nothing else to eat. Three days passed like that, with practically nothing we could do. Iván came around once in a while to move the car we'd parked near his house. He also called Julia and Carola from a public telephone to tell them we were okay, without mentioning our names or pseudonyms. Around the 5th or 6th of March, the girls were able to overcome Carola's mother's reluctance and, with the help of a friend, went to the apartment in *Paraíso*. For our part, we had to wait for the first opportunity we had to be able to leave the neighborhood without being stopped by the huge roadblock at *La India*.

After three days of not eating anything but chocolate, I came down with ballistic diarrhea. You mocked me until I swore at you: "All right already, since you're so full of shit…"

XLI

When the barricade at the entrance to the neighborhood had finally been reduced to its minimum expression, we decided to leave in the car. It was the morning of March 11th or 12th. Iván's girlfriend was driving, calmly but without uttering a word the whole way. She finally parked the car, relatively close to where the apartment was, and left us without saying anything. Once inside the apartment, we and the girls told each other what had happened to each of us. That's when we got more details about the arrests and tortures suffered by the *Disobedient ones* and about many other incidents which, combined, were like the pieces of a giant jigsaw puzzle, revealing the tremendous massacre that Pérez's government had perpetrated.

There at that apartment we also returned to a discussion that Iván had brought to the ranch at *La Vega*. The folks from the Christian Community, although limited by the situation, had carried out an internal consultation from which several resolutions had emerged: 1) They recognized the need to formalize, once and for all, a political-military structure that for the moment would be known by the intentionally ambiguous name of the Coordinator. 2) They decided to compartmentalize the work of the new organization, made me responsible for its military part, and explicitly ordered me to control you, Jaurena. This also implied distancing ourselves from the *Gallows twelve* without breaking all our ties with those who had demonstrated the highest political consciousness and a moderate amount of discipline. 3) They argued the need to deepen existent connections with our allies, especially with the *Disobedient ones* and some of those from January 23rd. 4) All military operations would be suspended until further notice. From the expropriation of arms to our participation in self-defense at the demonstrations in the immediate future. Although the Christian Community people didn't know the most important details, they were aware that we were planning a "big" operation, the execution of the Commissioner. All that was on hold until further instructions.

You had no objection to the idea of creating a compartmentalized organization, on the contrary. Neither, very generously, were you opposed to my being responsible for the military nucleus that would incorporate, new members who came from the Christian Community. Your main objection to the proposal from *La Vega* was the suspension of every kind of military action. Especially the operation against the Commissioner. "That's more important now than ever. We must respond to this massacre with everything we have."

And that was the beginning of a stubborn resistance on your part, involving attacking what had been agreed upon by the majority. From that moment on, which would have been the second week of March, there was a period in which we started distancing ourselves from each other until we almost got to the point of rupture a few hours before they killed you. I have no way of proving it but I'm almost sure that, once you saw that you were completely isolated within the Coordinator, you chose some of the *Gallows twelve* to tell about the plan of the operation against the Commissioner. You must have thought that you could mount your own operation and show us it was not only possible but necessary in such a difficult situation. Alarmed, Julia told us that you were also participating with the *Gallows twelve* in a plan to promote protests at the high schools in the eastern part of the country. You continued to meet with everyone who wanted to listen to you talk about "a pre-revolutionary situation" in Venezuela. Finally, through some of the people from the 23, we heard there would soon be a demonstration in *Catia*. I was worried and, through Julia, asked if we could meet on April 3rd at the McDonald's in *La Castellana*. The *Rustproof* would also accompany us at what would be our last meeting.

XLII

We waited for you at eight at night at that Mc-
Donald's filled with middle-class Caracas fami-
lies, while Julia, Carola and I talked about your
utter stubbornness. You showed up with a look
of bitterness on your face and, without much
preamble announced that you wanted to "go
rogue" or "asked to be released," in the military
jargon that we ultras always used. You gave your
reasons. I thought you were trying to pressure
me, to get me to make the Coordinator go back
on what had been decided with regard to armed
actions. I said fine, I was good with you leaving.
We all fell silent. Then you laughed and spouted some stupid irony about my character as "a
military leader." I ignored you. Finally, you said
that right then and there you needed what you
thought was your share of the weapons. "Give
me the two pistols and half the ammunition, and
you can keep the revolver and submachine gun.
Or the opposite. Whatever you want. But we'll
divide it all up right now…" I told you I would
have to consult with the others, that there was
a collective political leadership. That was when
you cursed my mother and got up from the table.

Julia and Carola ran after you, trying to calm you
down. I left the restaurant unhurriedly, following the three of you from a distance, watching

you talking and gesticulating on your way to *Centro Plaza*. I arrived, still a little behind you, at the *Café Margana* that was in the basement of the commercial center. I sat down, as if nothing had happened, at the table where they were already bringing you coffee. I remember you saying something like I was repeating the same old Party practices. I answered you, still coldly. I said I'd give you the two pistols and the rest of what you wanted the following night. From then on, the four of us remained silent. You continued to be furious with me but didn't want to show it. It was almost ten at night when you got up murmuring something like "… until tomorrow, then…". You kissed the girls, but my hand remained in the air without you taking it, and we watched you walk away.

XLIII

It took me a while to reconstruct, as far as possible, what happened after that goodbye. Carola went to her mother's house, near *Centro Plaza*. Julia took the bus home. I got a taxi to the apartment in *Paraíso*; I had to meet with Iván early the next morning near *Plaza Madariaga*. At that moment I couldn't have imagined that Julia had broken with our compartmentalization and had told you, before our last meeting, about how she and I had moved the weapons from the apartment to her house in *El Cafetal*. When that night arrived, she found you sitting on the curb waiting for her. And you were so insistent that she finally gave you one of the two pistols with two magazines.

April 4th 1989 dawned, and after meeting with Iván I went to the University. I spent the whole morning reading at the Main Library and when I left, close to midday, I saw that another demonstration was beginning. "They killed a student at *Catia*," I heard someone say, and right away I knew you were dead. Devastated, I looked for a public telephone that worked, called Carola, and asked her to find Julia and for both of them to come to campus. I also left a message for Iván so he would come to the Rectory plaza. I tried unsuccessfully to find one of the *Gallows twelve*

111

so I could get more information. I ended up exhausted and went to the Federation of Centers. It was almost one in the afternoon and a group of students from the USB were there. One of them confirmed that they had killed you. And it was at that moment that I understood that there are blows in life so hard that they seem to come from some god's hate.

As soon as Iván arrived, without wasting any time he organized all that had to be done. The girls and I, separately, had to get away from the University to somewhere safe. Carola did nothing but console Julia. The blow had completely paralyzed me, and Iván along with the rest of those from *La Vega*, took charge of everything.

Over the next few weeks, while I was in "quarantine," Iván helped me understand in some detail what had happened to you: with the *Gallows twelve* you'd organized a demonstration at the Andrés Eloy Blanco high school in *Catia*. The suspension of guarantees was still in effect and that's why you took a gun to offer some protection to the kids who would try to block *Avenida el Cuartel*.

A confrontation with the police was inevitable. Several anti-personnel units arrived. They began to shoot at the students, and you responded, wounding one of the police. Then there was a more violent attack against the high schoolers. All the demonstrators began to run toward the high part of the neighborhood. You were one of the last. Upon arriving at a certain point, you had to jump across a ditch that was part of some unfinished public construction project. A girl fell and you turned back to help her but slid into the gutter. That's how they captured you with your gun in its holster and all your bullets in your pockets.

Immediately, five or six police began to beat you savagely. They handcuffed and took you a "cage," one of those trucks like cells used by the military police to deal with disturbances. After locking you in, the same group of five or six continued to pummel you. Suddenly one of them (later we would learn who) took out his regulation weapon, held it to your right side, and fired. Those animals let you bleed out on the floor of that "cage."

XLIV

In the months following your death, Julia, Carola, and I lived submerged in a thick fog. We hid separately, avoiding the places we'd frequented previously, moving from one house to another, without being able to see or communicate with each other except through intermediaries, making use of all the vast logistics of our incipient organization and the help of a few friends.

We didn't know how much information State Security had. But it was notable that one of the newspapers that announced your death mentioned our project by name. In principle, what we were doing was secret, only for internal consumption until we decided to talk about it publicly. Considering the possibility of infiltration, the organization's most important nucleus, the one with authentic social insertion, the folks at *La Vega*, decided we should cut all ties with the *Gallows twelve*, and that's what we did.

The girls and I stayed away from everything for three months. Gradually, little by little, they resumed their normal lives. Then I did the same, returning to my literature classes and making sporadic contact with *La Vega*. Since none of us could even attend your wake, we each lived out our period of mourning as we could, completely alone, isolated, without anyone with whom we could talk for a long time. When we were finally able to get together again, the *Rustproof* ones and I, found a little place by the sea on the Island of Margarita and held a private memorial for you. It was in a small fishing village on the beautifully desolate shores of the Macanao. A perfect place for a small group of dreamers to breathe the absolute purity of the air.

The owners of the place were some friends who were away from the island. A nearby family offered us food and drink. I remember that a radio we listened to commented with jubilation on the Berlin Wall coming down. We remembered you there throughout one whole night, beneath the movement of the constellations, without shedding a tear. Because, as a great poet once said, it would be foolish for us to cry.

XLV

In April of 1990, following a mass at *La Vega* a liberation theologian offered in your name, I began to meet with your father. At first just to talk about you, to reconstruct in every detail those last months between 1988 and 1989. Héctor always carried with him your old billfold, as if it were a talisman retrieved from among the few and modest things that made up the inventory of your material possessions.

I simply listened when he told me about the beginnings of the long legal process he had filed against your assassin and his accomplices. Little by little Julia and Carola joined those conversations that always took place over breakfast at a portuguese bakery in the eastern part of Caracas. At those meetings your father began to mention things about your assassin, pieces of information that emerged as the process moved forward. Without saying anything, I began to keep notes. They'd removed the guy who pulled the trigger from the military police. Nevertheless, and significantly, he was now a chauffeur and security guard for the governor of Caracas. Evidence of his involvement with similar crimes filtered down in the interior of the country. At the same time people close to her confirmed the fact that the Commissioner's mother had moved shortly after your death. Was this a coincidence? I began to explore the possibility that your assassination might not be a simple coincidence, some act by a stupid civil servant. I was never able to arrive at a definitive conclusion about that. Yet it was one of those ideas that keep coming up, that come out at the least expected moments, like what tends to happen with that which is not resolved.

One day old man Héctor called. He wanted to see me alone, without the girls. He told me his sister had fled to Uruguay as a precautionary measure. Little by little, very subtly, he let me know that he didn't want us to carry out any armed action against the ex-officer Arturo Piña. He wanted to continue through legal channels no matter what, even if it took the rest of his life, which is in fact what happened. He made me promise we wouldn't make an attempt on the life of the man directly responsible for your assassination and I assured him I wouldn't in order to calm him. One of my greatest shames is having made that promise without intending to fulfill it. I also betrayed your father, Jaurena. A man should be able to keep his promises. Especially if made to an old man engaged in a war impossible to win.

Behind Carola's back, Julia and I began to keep track of every bit of information about Arturo Piña. We identified him during one of the trial's first hearings. On another occasion we followed him from court to the seat of city government. And we identified him standing close to the governor in media photos. Finally, Julia, posing as a journalist, got herself invited to an exhibition of historic photographs of Caracas. The event was held in the lobby of the seat of government. Julia was unrecognizable wearing a miniskirt and high heels, perfectly made up, with her hair pulled back and using fake glasses. She tried to convince the police that she only wanted a quick interview with Governor Lezama. She ended up asking the officers if they would take a few photographs with her and was so insistent that she got her wish. In those photos she appeared with a broad smile on her lips beside security guard and chauffeur Arturo Piña.

Once we had established your assassin's routine, it was easy to follow him to his home in the *Jose Gregorio Hernández* neighborhood of *La Guaira*. A brick house of simple construction located on a corner some 300 feet from the sector's main entrance. We did all this on and off during part of 1990 and 1991. In time, the task became a cathartic ritual, a way of making us believe we would be able to avenge you. It was a dark game for two, a sort of complicity around something unnamable, and keeping Carola out of it ended up provoking another crisis of jealousy that almost ended our relationship.

XLVI

During those two years Julia had begun to make her first forays in the movies. I was writing my thesis on Jorge Luis Borges and worked in design at a publicity agency. Carola finished the School of Letters with a thesis on the feminist novel. She and I planned on getting married, buying an apartment, having a child. I was doing fairly well economically. The two of us had also become members of the *Disobedient ones*, joining their organization along with a good number of those from *La Vega*. Julia preferred to stay on the sidelines, working on a short screenplay she was writing and on the artistic production of several films. To a large degree, that was our life when, in September of 1991, I began to receive information about an insurrectional plan against the Pérez government.

During a meeting, in one of the classrooms at the University's School of Philosophy, *El Viejo*, an ideologue of *Popular disobedience* and ex combatant of the FALN in the sixties, presented a document entitled *Dawn will come*. It contained the political goals of the projected insurrection. It was also at that meeting that we learned about his more recent contacts with the "diabolical little grandfather" (that's what we called Kleber

Ramírez) and his proposal that those of us with some military experience participate in the uprising.

That's how the vertiginous chain of causes and effects began that found me in front of the *Nueva Granada* INCE on the night of February 3, 1992, waiting for weapons that never arrived. From there I went, with our beloved Sergio Rodríguez and on instructions from *El viejo*, to paint large H's on a couple of sports courts at 23 of January. They'd told us that helicopters would come to deliver weapons in those places. We returned empty-handed to a point previously agreed upon. *El viejo* decided that we should disperse and each of us go to a place where we maintained contacts or political work. Before going to *La Vega*, I saw, from the window of a car driven by the unforgettable *Negro* Villafaña, the first rebel tanks arriving at Miraflores close to midnight on February 4th.

XLVII

All of 1992 was consumed by madness. A hurricane in which you would have felt right at home. I know that the folks from *La Vega*, the girls and I never stopped evoking you at any of the key moments of that year. Precisely for that reason, when November 27th was upon us, Julia and I met alone to talk about executing your murderer. We remembered that last night we talked to you, walking from the McDonald's at *Castellana* to *Centro Plaza*, one afternoon two or three weeks before the second Bolivarian insurrection.

It was Julia's idea to get together. Her arguments seemed well-founded to me: it was the right moment for the operation. She verified the fact that the day before Piña had followed his routine like clockwork. At the same time, we had information that the intelligence corps, DIM, and DISIP, were busy trying to prevent a repetition of February 4th. It was clear they wouldn't go to a lot of trouble to investigate an action not claimed by us. Apart from this, I had been able to accumulate some logistical resources throughout 1992 that made the operation much more viable. Of course, there was the issue of my promise to Héctor. We ended up agreeing that if they initiated a police investigation against your father, I would give myself up to the authorities. But that possibility seemed pretty remote to us.

XLVIII

We chose a Saturday. Early that morning I went to a barber shop far from where I lived and told them to cut my hair very short and shave off my beard. With the addition of dark glasses, I achieved a radical makeover. Then I got ready to go down to *La Guaira*. We know Piña was on duty until five that day. Some forty minutes later a government car would deposit him at his house. He would change and leave to go to a horse auction.

While I waited beside a motorbike in the *Maiquetía* airport parking lot, Julia left the car in which we would return to Caracas next to a beachside restaurant and approached a taxi. I would later have to explain to *El viejo* the loss of those two resources. In any case I had been the one who'd obtained them, and I'd replace them if necessary.

Under my jacket, in all that humid heat, I carried a 9 mm and a 38-caliber revolver in case the automatic jammed. Julia finally appeared, dressed as a young boy, very pale and without greeting me or uttering a word donned the helmet I handed her and turned the key in the motorbike. I put my helmet on and got on the back. In ten minutes, we were very close to the house in the *José Gregorio Hernández* neighborhood.

Piña's routine was one of swiss precision. We watched from a distance as he said goodbye to his colleagues, all of them exchanging jokes and laughing. He entered his house and we situated ourselves by a high curb just below his door. We began a much longer wait than expected. With our heads encased in those helmets, we sweated profusely. I could hear Julia's heavy respiration. We couldn't wait for long like that. Although we might have been taken for a well-dressed couple that had come to purchase one of the elegant shops in the area.

After what seemed like vast geological eras, we finally spotted the ex-corporal first class of the military police. Arturo Piña. He was wearing shorts, sandals, and an undershirt, and carried two bags of trash that he probably intended to toss in the container some twenty feet away. I don't know why he seemed a bit unreal, completely foreign to our plan, but there he was. I jumped and ran to intercept him a few feet from his door. In the background I could hear the voice of a radio or television announcer, narrating a game between *Magallanes* and *La Gauira*. I hit him hard in the middle of his back with the 9 mm and he staggered, letting go of the bags. I was surprised by his pale face, his body possessed by an animal terror, totally paralyzed. I cocked the gun against one of his cheeks as the idiot raised his hands as if he were being mugged. "Don't kill me, dude, for my children's sake, don't kill me," he whispered. If there were people around,

I neither saw nor heard them. It was as if we were inside some instantaneous glass bubble that cracked open when I heard a little boy shouting eagerly, "Papá, hurry up, there are three men on bases." The man fell to his knees looking toward the house. He cried, he peed himself, and I'm almost sure he smelled of shit. I lowered myself a little and hit him several times until I saw blood. Then I kicked him two or three times and left.

I don't know how fast the motorbike was going by the time we were out of the neighborhood. In any case, it seemed exasperatingly slow. All the while I waited for a patrol car to arrive or that a sudden barricade would stop us. We got to the airport, left the motorbike in the parking lot, put the helmets and gloves in a big black garbage bag and threw it in a vacant lot. Finally, we took a taxi to the beachside restaurant and immediately began our return to Caracas.

Julia was driving. She finally whispered in a maternal-sounding voice, as we went through the Boquerón tunnel: "...calm yourself, it's better like this... you did the right thing." I didn't stop crying silently, like a fool. It was night by the time I told her to stop the car. We were near *La California*, close to the place where we were supposed to leave that resource we'd burned so stupidly. I got out and approached the railing on one of those bridges that crosses the *Guaire*. From there I furiously threw the guns to the bottom of the dark and dirty river.

XLIX

After putting the last box of books in the back of the small, rented truck, I begin the final stretch of my journey from Ithaca to Manhattan. Days before, by Internet I'd arranged my move from one of New York's shipping ports to *La Guaira*. Now all that remains is to drive for four or five hours to where I'll be receiving my things. It's April 2007, and the tender transparency of the sun doesn't have a chance against the freezing air that descends from Niagara.

As I drive it's inevitable that I make a mental balance of the past ten years. A doctoral dissertation about a black artisan who, in Havana of 1812, tried to rebel against slavery. A few women who, from time to time, may think about me until the memory fades completely. The seminars I taught in Kentucky and Cornell. One or two conferences. Coming to know such notable men as John Beverley and Eduard Glissant. The horror of September 11, 2001, and all the other horrors that came later, from Afghanistan to Guantanamo and Abu Graib, the apocalypse that is Iraq or the attempted coup against Chávez. And always, along with all that, the interminable early mornings of insomnia that force me to remember a fire prior to the *Caracazo* that is almost forgotten by everyone.

125

And it's now, precisely now, at 75 miles an hour, that I realize I have no photographs of the two of us together, Jaurena. And also precisely now that I remember that the only time we tried to pose for a picture was with Julia, one afternoon beside some enormous rocks on *La Guaira*'s seaside drive. The three of us were laughing like never before, at one of your brutal jokes. Julia tried to focus the camera and, still laughing, lost her balance and fell backwards just as she pressed the shutter. I helped her up and, without trying again, we left. We were surely conspiring about something.

Much later Julia would tell me what that afternoon's film revealed instead of the picture she tried to make of us. The camera had captured the astonishingly clear image of a Guayacan tree silhouetted against the red horizon of the afternoon. It seemed like a tree growing in a country that doesn't exist.

L

In the best of cases all this will be summed up in a brief note, a footnote perhaps, a few lines in such small type no one will read it, in a history book written by someone in some distant future. Unintentionally perhaps, you were part of the genealogy of some unknown future. That improbable note will read something like this: "…in the long-disappeared city of Caracas, situated in what was known as South America, it is believed that a great rebellion took place against the so-called neoliberal reforms. Said rebellion might have occurred sometime between 1980 and 1989. Unfortunately, we don't have many documents… The mass insurgency was one of the first in the long process that led to capitalism's demise on a global scale…".

In any case, when communism finally comes and the rich have been erased from the earth forever, no one will remember your name. Neither will any statues or commemorative plaques exist that record the misery and death in Venezuela. But that seems beautiful to me, worthy of those who knew how to fight, as you always said, "without hope but without fear."

LI

How, in what unimaginable way, did these desperate atoms that made us into human beings come together? However it happened, their fragments won't find each other again, these particles which for one fragile moment existed in this world, this land that has given us so much rage and tenderness. But, as you told me at the end of March, "In the long run a man is nothing more than an anomaly in the darkness of the universe." And it's true that we will never see each other again, Jaurena. Eternity is no consolation for communists like us. And that's why I would like to think that in your final moment, surrounded by the wretches who killed you, you knew this earth needed you. Needed you for the endless generations of insurgents who, once and a thousand times, imagined others who would succeed them. I think that you knew. And perhaps that's why, my brother, you understood that the prophetic memory of the rebels to come is preferable to the false promises of resurrection or of paradise.

AFTERWORD

The narrative you just read is set against the so-cial explosion in Venezuela on February 27, 1989, and the days following, called the *Caracazo* (the suffix -azo in Spanish is an augmentative, sug-gesting something like a big deal, or an explo-sion). The narrator writes from the point of view of a young militant in one of the several armed groups of the extra-parliamentary Marxist-Le-ninist Left in Caracas, which became involved in these events, seeking to lift them from riot and insurrection toward a revolutionary turn. But the aim of the book is not autobiographical or nostalgic, nor is it meant to be a political or his-torical reflection on the causes and consequences of the *Caracazo*. Rather, it is intended to elicit for an audience today, more than thirty years after the event, something of the radical excitement and possibility it generated, at a moment when the political movement that resulted from the Caracazo—Hugo Chávez's "Bolivarian" project of a Twenty First Century Socialism—has be-come dilapidated and discredited. (Chávez him-self was not involved in the *Caracazo*, or so it is said anyway, and his political movement at the time sought initially to distance itself from it; but his subsequent emergence in the early 1990s cer-tainly is due in part to the repercussions of the event).

129

Because of its extensive oil exports, Venezuela was more or less shielded from the harsh privatization and austerity economic regimes that were imposed on other Latin American countries by the triumphant neoliberalism of the 1980s. However, by the mid-1980s oil prices began to fall, and with them the capacity of the Venezuelan state to maintain the welfare state it had created and was seeking to expand. Carlos Andrés Pérez, representing the center left *Acción Democrática Party* (roughly equivalent to the Democrat Party in the US, but with Socialist International credentials) was newly elected for a second term in 1988 (he had presided over the oil boom of the late 1970s). He promised to resist demands for neoliberal restructuring, but soon changed course under the pressure of Venezuela's debt burden to foreign banks and the IMF, announcing in 1989 a new program of austerity measures that was dubbed the *paquetazo* or Package, that included immediately raising the price of gasoline for domestic consumption (up to that point, gasoline had been sold at or below production costs, a kind of subsidy to the population as a whole), and raising the cost of public transit by 30%. The result was a series of sporadic but then increasingly violent and large outbreaks the next morning in the poorer or lower middle-class neighborhoods, first on the outskirts of Caracas, but then in the city itself, and in the days that followed in other cities in Venezuela. There was extensive looting, stores and buses were burned, police stations attacked, neighborhood committees of government began to appear, red flags flew over neighborhoods. The government responded with a brutal crackdown, suspending the Constitution, and sending army and police units to attack streets and neighborhoods. The official figure for the dead and "disappeared" in the *Caracazo* is 277, but it is generally conceded that the number was in the thousands. A massacre in other words.

While all this was going on in "distant" Venezuela, the bourgeoise globally and locally was living in what seemed an endless summer. The great revolutionary upsurges that followed on the triumph of the Cuban Revolution in 1959 and the Vietnam anti-war movement had been defeated, and Cuba itself contained. Reagan and Margaret Thatcher were the presiding deities of the age. The Soviet Union was collapsing under the pressure of its own attempts at reform, *perestroika*. China, almost two decades into its post-Mao "capitalist road," was tied inextricably to the United States market. Nearer at hand, the Sandinistas in Nicaragua, weakened by the Contra war and the economic sanctions imposed by the Reagan administration, were on their way to losing the elections of 1990. Neoliberal, free-market economic policies, of the sort first imposed in Chile during the dictatorship of Pinochet by the so-called "Chicago Boys" (so called because they were products of the Economics department at the University of Chicago led by Milton Friedman), were becoming generalized, with some success in dynamizing sclerotic economies, and often with the support of sectors that the same generation—now middle-aged—had fought for socialism in the 1960s. The ugly dictatorships, like Pinochet's in Chile, that had been deemed necessary to combat the Left, had begun to be dismantled, so the bourgeoisie could see its wealth and privilege as uncontaminated by state torture and murder. Most Latin America countries, including Venezuela, had become relatively stable democracies, albeit deeply scarred by repression. This combination of neoliberal economic policies and representative democracy was called the Washington Consensus, and it was the goal of elites both in the United States and Latin America to extend the Consensus. It was the "end of history," to use Francis Fukuyama's much disseminated phrase at the time.

In global or even Latin American terms, the *Caracazo* was a relatively small event; but, like a suddenly cold breeze on a late summer evening, it suggested that the endless summer of neoliberalism would sooner or later be coming to an end. In Venezuela, Hugo Chávez and fellow nationalistic officers attempted a coup in 1992, which failed catastrophically, but not without generating widespread popular sympathy. Chávez became an icon, rebuilding and broadening his political presence. In 1998, with the support of the parties of the parliamentary Left he was elected as President over the candidates representing the historical parties. He survived a coup orchestrated against him in April 2002 by the domestic opposition to his government, with US involvement.

The terrorist attacks of 9/11 shifted the relation the United States and Latin America, as the focus of US policy became the Middle East. By 2008, the year of the great financial collapse in the advanced capitalist economies, a majority of Latin American countries, including now crucially Brazil, had governments of the left or center left, determined to shift the economic balance in favor of the poor as much as possible. This was the so-called *Marea Rosada*, or Pink Tide (pink because it did not point to revolution like historical Communism).

Chavez died in 2013, leaving his movement without effective leadership or direction. By 2015 the Pink Tide began to ebb in Latin America as a whole, especially with the loss of power of the Worker's Party government in Brazil. A slick, tech savvy new right began to appear (the current president of El Salvador, Bukele, is an example; their slogan was "PC means today personal computer not Communist Party"); even more to the right, figures like Bolsonaro in Brazil were pushing an avowedly racist and authoritarian ethno-nationalist populism similar to Trump's in the United States. The Pink Tide, undone in part by its very success in raising living standards, which led to increasing consumer demand, which it found hard to meet in an era of declining prices for exports, seemed to wane everywhere, just as suddenly as it had appeared in the early years of the new century.

But in the last two or three years, just before COVID and during it, governments of the left have begun to appear again in Latin America: in Mexico, Honduras, Peru, Argentina, Bolivia, most recently in Chile with the very young and dynamic Boric; and the candidates of the left are favored in the upcoming elections in Brazil and Colombia. It is against the background of this hopeful but still fragile resurgence of the Latin American left that *Dictated by Fire* should be read today.

The book has at first the appearance of a bourgeois novel of formation, like Flaubert's *Sentimental Education*, with the *Caracazo* as background. But the characters, including the narrator, do not change, do not go through a process of disillusion, learning and growth. They remain exactly the way they were in the moment of maximum intensity of the Caracazo. In this sense, *Dictated by Fire* has more in common with what in Latin American Spanish is understood as a *testimonio* or testimonial narrative: a narrative told in the first person by a narrator who is also the actual protagonist or witness of the events he or she recounts. *Testimonio* is usually a narration from the "poor," but the authority of witnessing and direct experience it embodies inheres even in a case like this, where the author, Juan Antonio

Hernández is an established writer and intellectual in Venezuela, a professor of Latin American Literature at among other places Cornell, and at one time ambassador for the Bolivarian government in Qatar and Egypt. It inheres in the intensity and immediacy of the voice that speaks in the text, as if the story was still warm from the struggles it describes, which appear before the reader's eyes almost at the speed of the writing itself. This gives the *Dictated by Fire* a distinctive *affective* force, as the title suggests: excitement, fear, confusion, boldness, desolation, anger...

This affective dimension in *Dictated by Fire* captures part of what the subsequent emergence of Chavez and Chavismo involved in the later 1990s and the early years of the new century. It goes without saying that a populist politics like Chávez's was based on affect, on the sense of solidarity created by grievance and resentment. But the predominance of affect also shows the limits of populism, when it is no longer a question of challenging power but of exercising it competently and effectively. And the right-wing populism of Bolsonaro or Trump is also ruled by affect.

It is a difficult to imagine how a book like *Dictated by Fire*, which is so firmly centered on a revolutionary *now* (what Walter Benjamin called the *JeztzZeit*, or "now time"), which seems to be inventing itself in its very act of enunciation, can come to an end without canceling its own premise of immediacy and self-actualization. And, in fact, there isn't really an end (**Spoiler alert here**). One of the members of the group has been killed by the police in the fighting. The narrator and his comrades are able to discover the policeman involved. They plot to find and execute him in revenge. But at the moment they encounter him, they end up knocking him around and verbally abusing him. They have guns but they don't use them. One feels—I do anyway-- that poetic justice has been frustrated here. But this is after all a testimonial not a fictional text. To impose an ending that fits the reader's or history's expectations is not possible; it would violate the claim to authenticity of *testimonio*.

This scene materializes a situation in which revenge and spontaneity are no longer the main determining forces. Rather something beyond them. This is to move from a politics of affect— Chavismo in its genetic form –to a politics of hegemony, which the great Italian Marxist Antonio Gramsci famously defined as "the moral and intellectual leadership of the nation." For that to happen some sort of sublimation of affect and spontaneity is required. That should be the function of the revolutionary vanguard, but here the vanguard itself is a small ship on a stormy sea.

Still, today, when it is difficult to imagine even the possibility of revolutionary change in the world (and then it must be done in relation to the ecological question of the earth itself), much less to organize and plan strategically for it, sometimes it is enough to press the Restart button, and *Dictated by Fire*, in this very fine and comradely translation by Margaret Randall does that with believable passion and urgency.

John Beverley.

University of Pittsburgh, Summer 2022.

CARACAZO'S NOTES

Fuente: diario *El nacional,* Octubre 1982.

Fuente. Diario *El Naciona*l, Enero 1984.

Fuente: Diario *Últimas Noticias*, Septiembre 1984.

Fuente: Diario "Últimas Noticias", Abril 1987.

Fuente: Diario *El Nacional,* Febrero 1989.

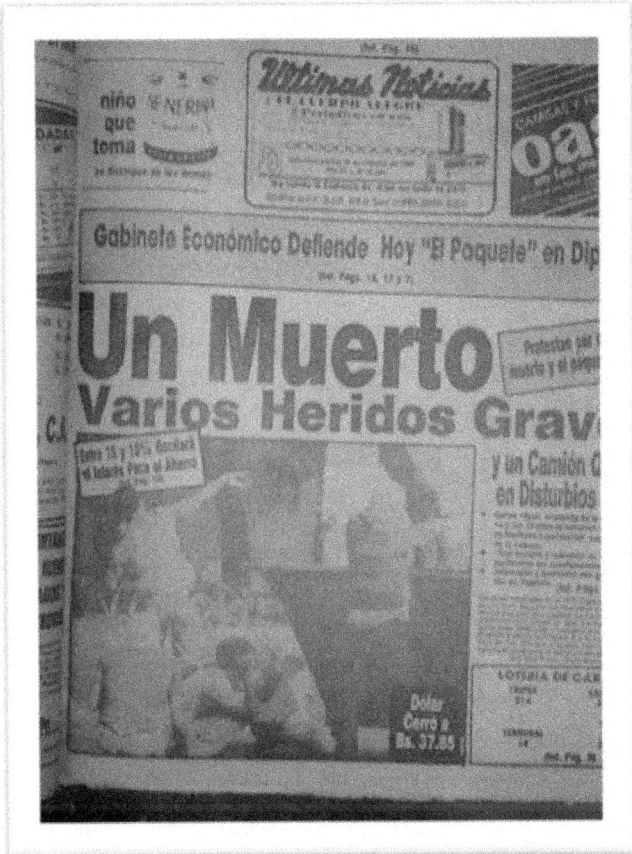

Fuente: Diario *Últimas Noticias*, Febrero, 1989.

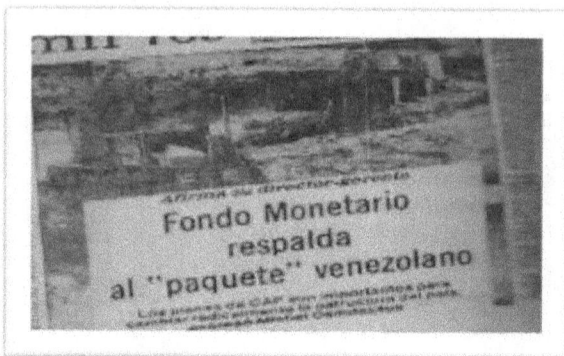

Fuente: Diario *El Nacional*, Marzo 1989.

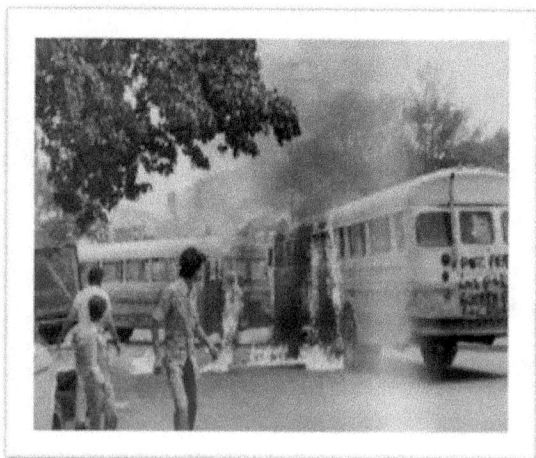

Fuente: prensa venezolana de la época, entre 1987 y
1989.

Fuente: prensa venezolana de la época, entre 1987 y 1989.

Fuente: prensa venezolana de la época, entre 1987 y 1989.

Fuente: Diario *El Nacional*, Febrero, 1989

Fuente: captura de entrevista a Yulimar Reyes, 27 de
Febrero de 1989, Radio Caracas Televisión.

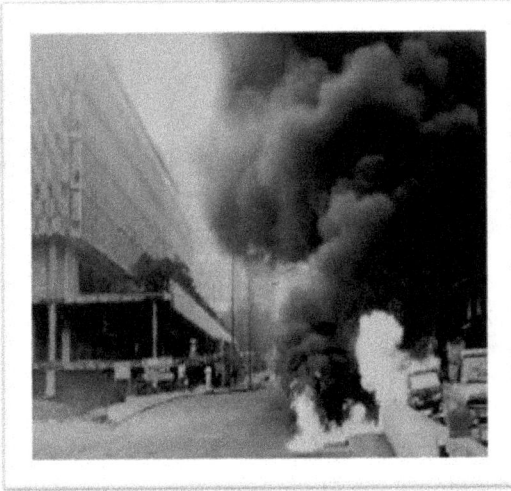

Fuente: Diario *El Nacional,* Febrero 1989.

Fuente: Diario *El Nacional*, Febrero de 1989.

Fuente: Diario *El Nacional,* Febrero de 1989.

Fuente: Diario *El Nacional,* Febrero de 1989.

Fuente: Diario *El Nacional*, Febrero de 1989.

Fuente: Diario *El Nacional*, Febrero de 1989

Fuente: Diario *El Nacional*, Febrero de 1989.

Fuente: Diario *El Nacional*, Febrero de 1989

Fuente: panfleto de la época, foto del archivo familiar de los Jaurena.

ABOUT MARGARET RANDALL

Margaret Randall (New York, 1936) is a poet, essayist, oral historian, translator, photographer and social activist. She lived in Latin America for 23 years (in Mexico, Cuba, and Nicaragua). From 1962 to 1969 she and Mexican poet Sergio Mondragón co-edited *EL corno emplumado / The plumed horn*, a bilingual literary quarterly that published some of the best new work of the sixties.

When she came home in 1984, the government ordered her deported because it found some of her writing to be "against the good order and happiness of the United States". With the support of many writers and others, she won her case, and her citizenship was restored in 1989.

Throughout the late 1980s and early 1990s, she taught at several universities, most often Trinity College in Hartford, Connecticut. Randall's most recent poetry titles include *The morning after: poetry & prose in a post-truth world, against atrocity, Out of violence into poetry* (all from Wings Press), and *Stormclouds like unkept promises* (Casa Urraca Press). *Che on My Mind* (a feminist poet's reminiscence of Che Guevara, published by Duke

University Press), and *Thinking About Thinking* (essays, from Casa Urraca), and *Artists In My Life* (New Village Press) are other recent titles.

In 2020 Duke published her memoir, *I Never Left Home: Poet, Feminist, Revolutionary.* Two of Randall's photographs are in the Capitol Art Collection in Santa Fe. She has also devoted herself to translation, producing *When Rains Become Floods* by Lurgio Galván Sánchez and *Only The Road / Solo El Camino*, an anthology of eight decades of Cuban poetry (both also published by Duke), among many other titles.

Randall received the 2017 Medalla al Mérito Literario from Literatura en el Bravo, Ciudad Juárez, Mexico. In 2018 she was awarded the "Poet of two Hemispheres" prize by Poesía en Paralelo Cero in Quito, Ecuador. In 2022 she earned the City of Albuquerque's Creative Bravo Award. Randall lives in Albuquerque with her partner (now wife) of more than 35 years, the painter Barbara Byers, and travels extensively to read, lecture and teach.

LO QUE FUE DICTANDO EL FUEGO

Juan Antonio Hernández

I

La nieve nocturna se acumula del otro lado de la ventana y no puedo dormir. Doy vueltas por la penumbra del apartamento casi vacío, entre cajas de libros, una vieja mesa y dos o tres sillas. En los pactos que los hombres hacemos con el infierno siempre nos toca un demonio en particular. El mío es el de las noches sin dormir, pariente de los que cuidan los accesos a la memoria o el olvido.

Ahora que comienzo a recoger mis cosas, para volver a Venezuela, me he puesto a escribir estas notas, torpes y desordenadas. Tengo la frágil esperanza de registrar todo lo que pueda de los gestos y las palabras de unos muchachos que vivieron a fines de los 80. Del esplendor de esas vidas, salvaje y puro, quedan algunas huellas como brasas dispersas a lo largo de una vasta intemperie nocturna. Quisiera creer que esas brasas no han dejado de susurrar, durante todos estos años, esto que ahora me propongo transcribir. Aunque sé que no hay testigo más extraño que el fuego.

II

Veníamos del *Delia*, Jaurena, Yulimar y yo. Habíamos acabado con un montón de cervezas y varios paquetes de Marlboro rojo, mientras veíamos a las mujeres bailando "...hay fuego en el 23, en el 23". *Yoko* casi no había estado con nosotros, seguramente se entretuvo conversando en algún rincón de ese tugurio de estudiantes. Jaurena y yo pasamos la noche bebiendo lentamente y hablando, alzando la voz, de cómo mataríamos al Comisario. Nadie podía escucharnos en medio de aquel vértigo de salsa, gritos y carcajadas brutales.

De repente y casi sin darnos cuenta se hizo de madrugada. Atravesamos Plaza Venezuela y antes de irnos al apartamento de *Yoko* en Parque Central (Yulimar parecía una copia exacta de la mujer de Lennon) nos sentamos en uno de esos bancos de piedra de Los Caobos (yo le quité el seguro a la 9, debajo del suéter, por si acaso). Ya no me acuerdo de cómo comenzamos a jugar, sentados allí, compartiendo el ultimo cigarrillo de la noche, a ser poetas surrealistas y nos encontramos, bruscamente, tras mezclar versos aprendidos y frases espontáneas, con este consejo imposible: "No abras el cráneo de un monstruo que sueña". Un consejo que, por cierto, nosotros no estábamos dispuestos a seguir. O quizá lo que

había pasado a nuestro alrededor es que ese cráneo ya había sido rajado por una mano invisible
y nosotros no seríamos otra cosa que el sueño de
ese monstruo violentamente expuesto a la intemperie. Era la época en que, como decías Jaurena,
éramos "encapuchados y felices".

III

Yoko estudiaba Letras conmigo. También trabajaba en el cine del Ateneo donde siempre, por una cuestión de honor, nos dejaba entrar sin pagar. Al lado estaba un bar, el Rajatabla, donde mucho después conocí a los anarco-punk de *Culebra*. *Yoko*, nuestra *Yoko*, fue, sin saberlo, el origen de la idea de pegarle un manguerazo de plomo al Comisario. Nos dijo una noche que ella vivía en un edificio donde siempre notaba movimientos inusuales de la policía. El misterio siguió durante meses hasta que una mañana se topó, cara a cara, con el jefe de operaciones de la DISIP. Parece que el personaje visitaba, de vez en cuando, a su mamá en uno de los apartamentos vecinos. Enseguida se te ocurrió, Jaurena, que bien podríamos darle a la viejita un espléndido regalo del día de la madre.

Esa noche, en el Rajatabla, cuando tú apenas estabas comenzando a salir con Julia y yo con Carolina, tomándonos unas cervezas y despotricando contra los traidores del Partido, nos encontramos con ese formidable hallazgo. Nadie puede imaginarse, uruguayo, lo terco que tú podías llegar a ser, muchacho.

IV

Tengo que retroceder la película. Buscar el momento en que te conocí, mezcla imposible de Lautremont con Raúl Sendic, uruguayo loco y maldito. O a lo mejor tengo que irme más lejos: hasta el instante en que empecé a meterme en política y terminé por incorporarme al Partido, poco antes de la masacre ejecutada por el Comisario, en los llanos de Anzoátegui, en Octubre de 1982.

En esa época, de tantos muertos, presos y torturados, sólo los más locos o los más bobos se acercaban al Partido. Sin duda fue por entonces cuando comenzaron a cruzarse nuestras líneas, dentro del jardín de senderos que se bifurcan. Fue la época en que nos convertimos, por separado y sin conocernos, en militantes de la única organización revolucionaria que postulaba la lucha armada en la Venezuela de los 80. Además éramos unos carajitos de educación media, aunque tú vivías en Caracas y yo estaba terminando el liceo en Margarita.

V

José Martí pasó por Cornell. Resulta inevitable imaginarlo entre pinos nevados, recibiendo en la cara ráfagas de una ventisca helada. Escribió una crónica sobre esta universidad, edificada sobre una planicie que domina un lago, tomando nota de sus hermosas rubias y de sus bibliotecas impresionantes.

En algún momento me puse a imaginar una búsqueda de rastros de Martí. Imaginé encontrar algún comentario suyo en los márgenes de los libros que pudieron interesarle Incluso escogí un par de ellos, en la sección de libros raros, donde puedes encontrarte, por ejemplo, con una primera edición de *Triunfo de la libertad sobre el despotismo*. Por supuesto que no pasó de ser una búsqueda imposible, una especie de sueño con los ojos abiertos. Ni siquiera puedo decir por cuánto tiempo estuvo Martí entre estos edificios cubiertos de hiedra. Hay, obviamente, estatuas de los millonarios que construyeron esta universidad. Pero nunca habrá una de aquel que conoció tan bien las entrañas del Leviatán del norte.

Martí también se habrá preguntado, una y otra vez, cómo fue que vino a dar a este país. Y yo, mientras comienzo a escribir estas notas, intento consolarme, pendejamente, pensando en que al menos tengo eso en común con aquel que dijo conocer muy bien el arte de desaparecer. Nabokov también estuvo por acá, me dicen, en plena época dorada del jazz y de la guerra fría. Pero de éste lo único que me interesa es la muchacha aquella de la que seguramente escuchaste hablar. Sobre todo con tanta nieve alrededor.

VI

Ya yo había hecho algunas cosas. Había estado, por ejemplo, entre los que organizaron aquella protesta contra la edificación de un puente entre tierra firme y Margarita. Luis Herrera, el presidente socialcristiano de principios de los 80, promovía ese proyecto por todas partes. Parecía una obsesión del pobre tipo. Y entonces sucedió que se vino para la isla a un acto del día de la juventud. El gobernador organizó un desfile de estudiantes ante la tarima donde iba a estar sentado el gordito idiota, rodeado por Casa Militar. Todo esto, por cierto, fue como un año antes de que el Comisario ejecutara la masacre de Anzoátegui. Creo recordar que nos organizaron por liceos. El mío era el Risquez, al lado de La Asunción, donde en la madrugada anterior, habíamos entrado el Catire y yo para pintar consignas del Partido. Cosas como "Contra la violencia burguesa, violencia proletaria…". Obviamente, como siempre dijiste, el Partido no era ningún prodigio en lo que a invención poética se refiere. Pero, en fin, habíamos rayado casi todo el liceo con esas y otras consignas. Hasta que se nos ocurrió pintar una inspirada en Paulo Freire, violando la línea partidista: "Nadie libera a nadie ni nadie se libera solo, los hombres se liberan entre sí…". Cómo nos gustaban esas pendejadas.

Al día siguiente se organizó el desfile y salimos marchando todos en perfecta formación. Al pasar frente a la tarima empezamos a gritar: "No, no queremos puente, señor Presidente...". Y al pobre diablo casi le da una embolia. Lo rodearon, nerviosos, sus escoltas. La protesta se multiplicó, se convirtió en una especie de coro sin nada de coordinación. Colocaron música folklórica en unos altoparlantes. Al final nos reunimos en alguna cervecería, muy lejos de allí, en el norte de la isla, muertos de la risa.

VII

El relato de las torturas que padeció tu viejo en Montevideo. Ahora ya no recuerdo si fuiste tú quién me lo contó o si fue tu padre, en una de esas conversaciones que tuvimos después de que te mataron. Creo que fue el viejo el que me habló de privación sensorial, de electricidad y carajazos, de traiciones, de infiltrados entre los tupamaros que, después del golpe, se paseaban en jeeps militares, escoltados por policías o soldados, convertidos en delatores encapuchados que señalaban gente que caminaba por las calles. Alguno de los dos me narró todo eso como alguien que ha terminado por aprenderse, de memoria, un abismo.

Ahora recuerdo que me contaste una visita a tu viejo cuando estaba preso y tú tenías seis o siete años. Me contaste eso pero, por alguna razón, no puedo recordar los detalles. Tengo una sensación similar a la que me pasa cuando, finalmente, logro dormir y creo estar soñando con algo tremendamente importante: la solución de un teorema imposible o la clave para descifrar un idioma olvidado, esas cosas que sólo un profesor, en un país que no es el suyo, puede soñar. Luego despierto y lo único que puedo recordar es que estaba soñando con algo abrumadoramente importante, con la clave de algo que se ha perdido para siempre.

Porque esa visita a tu viejo, preso y torturado, fue como tu primera comunión o tu bautismo verdadero. Y ahora te estoy imaginando, recibiendo ese regalo maldito -cortesía de los fascistas de la Junta- un pequeño artefacto informe, hecho del metal de las pesadillas, extraído, meticulosamente, de restos de instrumentos de tortura. Si te detenías a observar bien ese regalo podías encontrar grietas, pequeñas ventanas por las que era posible vislumbrar el oscuro fulgor del infierno.

Y ahora me acuerdo de aquella madrugada, sentados sobre el suelo sin muebles de la casa de Los Ruices, leyendo, de manera desordenada, *Los condenados de la tierra*. Era un ejemplar que nos habíamos "tumbado" de una librería de Sabana Grande junto con un poemario de Gustavo Pereira y las *Leyendas del Cristo negro* de Mahfud Massis. Leíamos, sin tener nada mejor qué hacer, en esa casa desocupada que mi abuela había vendido y de la que tuve una llave mientras el nuevo dueño terminaba de llegar de quién sabe dónde. La usábamos para guardar nuestras vainas, vernos con Julia y Carolina y dormir en unas viejas colchonetas.

Nos pusimos a leer a Fanón esa noche y nunca voy a olvidar el momento en que avanzamos hacia el capítulo final sobre la tortura. De repente dijiste algo así como "Párate ahí...aguántate..." y es que yo estaba leyendo en voz alta. Tú estabas dibujando algo que no recuerdo en un cuaderno.

"…. fíjate que la terapia que el Doctor Fanón recomienda es que el torturado mate, a cualquier precio, al torturador…". No olvido eso que dijiste. Y no puedo olvidarlo porque todo eso fue mucho antes de la noche del Rajatabla, meses antes de esa noche en que *Yoko* nos describió, casualmente, la dirección de la casa de la madre del Comisario.

VIII

Nunca te pregunté cómo llegaste al Partido. La verdad es que, cuando empezamos a conversar, ya nos daba vergüenza pensar que habíamos estado metidos en esa cosa y evitábamos hablarlo. Pero, a pesar de esa vergüenza, creo que una vez hablamos de cómo nos cruzamos, durante el *semestre caliente* del 87, en los preparativos de una brigada que se estaba montando para proteger una de las tantas marchas de esa época.

¿Cuántos estudiantes muertos hubo ese año? A la Universidad la allanaron tantas veces que nadie podía llevar la cuenta. Y fue precisamente durante esos allanamientos cuando comenzamos a caernos a plomo con la PM y la Guardia Nacional. Eran encuentros absolutamente desiguales. Del lado de los defensores del orden y de la propiedad, fusiles de asalto, ametralladoras, incontables bombas lacrimógenas (parecía que los gringos se las regalaban), algún maldito helicóptero y, cuándo no, no podían faltar los periodistas cabrones que le echaban la culpa de todo a los "vándalos y facinerosos de la subversión castro-comunista". Del lado nuestro: piedras y más piedras (una *Intifada Caribe*, la llamaste) las clásicas molotovs, los niples y, de vez en cuando, una o dos pistolas. Y era muy cómico ver a los malditos policías comiendo tierra o corriendo a esconderse, detrás de lo que fuera, apenas sentían un tirito cerca.

167

Creo que nos vimos, por primera vez, en una de esas brigadas de autodefensa. Éramos tan poquitos y todo era tan absurdamente frágil que era muy fácil recordar los gestos, la manera de caminar o la voz de alguien, a pesar de todas las medidas de seguridad. Y bueno, Jaurena, usted caminaba como encorvado, casi agachado, como a punto siempre de llevarse todo por delante. Así que no era muy difícil reconocerlo después, en alguna actividad del Partido, a pesar de las capuchas y todas esas pendejadas que usábamos para creer que estábamos en la guerrilla urbana.

Por entonces *Yoko*, Julia y Carola no estaban con nosotros. *Yoko*, hasta donde recuerdo, siempre estuvo con los *desobedientes*, Julia era de la Juventud Comunista y Carolina de lo que quedaba de la Liga Socialista. Fue después de nuestro encuentro que comenzamos a estar rodeados de esas mujeres duras y hermosas, *Inoxidables*, como siempre las llamaste.

IX

Dicen que la eternidad es un niño jugando a la orilla del mar. No lo sé. Hubo una época en que ni siquiera me hubiera importado saberlo. Yo tendría diez años y me escapaba, apenas podía, del colegio y me iba a nadar dentro de la transparencia inocente del mar. Así comencé a descubrir ese fuego que pertenece a todos, esa potencia invencible, desnudamente comunista, que concatena, milagrosamente y sin cesar, peces, pájaros, mujeres, hombres y constelaciones.

Siempre, al terminar la tarde, me sentaba a leerle a un abuelo casi ciego, acostado en su hamaca. Leía fragmentos de unos libros encuadernados en azul oscuro, los *Clásicos Jackson*, una colección que él había comprado mucho tiempo atrás y que era el centro gravitacional de su biblioteca. Al principio yo leía en voz alta, de manera mecánica, sin comprender nada. Se trataba de un ritual, de una obligación de una media hora, todas las tardes en nuestra vieja casa de La Asunción. Pero poco a poco, casi sin quererlo, algo fui entendiendo y fue como si se abrieran grietas en mi casa, la casa de un muchacho que vivía en una pequeña isla del Caribe. Las palabras iban abriendo fisuras en las paredes de ese mundo deslumbrante, dominado por los poderes del mediodía y del mar. Grietas de las que salían voces que hablaban un idioma familiar y extraño a la vez. Voces que murmuraban, a veces, cosas del cielo o del infierno.

Poco a poco fui dejando de escaparme de la escuela para ir a nadar o montar en bicicleta. Trataba, intuitivamente, de encontrar en las lecciones de historia o de literatura algo que me ayudase a comprender mejor lo que le leía al abuelo. Y empecé a leer con mayor cuidado y así llegué a saber que, en el infierno, el cuerpo vivo de Dante hundió un poco el bote que transportaba las almas de los condenados. Supe, también, que un rebelde inmortal, después de haber robado el fuego celeste, iba permanecer castigado, durante siglos y siglos, bajo piedras enormes, enterrado vivo, esperando el momento de volver a la luz para desafiar, otra vez, a los dioses. Y así seguí, empezando a leer solo, por mi cuenta, hasta encontrarme con una expedición al centro de la tierra y con cierta isla donde los piratas ya nunca dejarían de cantar, entre risas salvajes: "¡El diablo, el diablo…y una botella de ron!".

Esa fue mi infancia en Margarita, entre cuentos de aparecidos, en los que Lope de Aguirre atravesaba, vuelto candela, las calles de La Asunción en lejanas madrugadas. O relatos que hablaban de túneles secretos que los españoles habían construido entre el castillo y la catedral. O los cuentos de ruinas sumergidas en Cubagua donde había tesoros que era mejor no sacar a la luz del día. Yo vivía entre todo eso, con escapadas a la playa, carreras en bicicleta, un cine de pueblo con películas arcaicas y mal remendadas, los enterrados vivos de Poe y los demonios, venidos de otros mundos, de Lovecraft. También estudiaba lo que me interesaba en un colegio de curas, españoles y falangistas, de Porlamar.

Leí la *Madre* de Gorki pero no me gustó. Quizá, simplemente, como dijo Roque Dalton, llegué a la revolución a través de la poesía. Un primo, mayor que yo, me prestó unos discos de Serrat y Silvio Rodríguez y puede ser que de ese modo haya comenzado mi parte en esta historia. Luego fueron las imágenes en televisión de la lucha insurreccional nicaragüense y las masacres somocistas. Los sandinistas entrando, como una vasta marejada rojinegra en Managua. O las imágenes del asesinato de Romero en El Salvador. Y sin duda todo eso tiene que haberme llevado, de manera incierta al principio y, luego con más claridad, a buscar referencias, textos, nombres, imágenes, íconos, es decir, todo aquello que forma el terreno del que se nutre un muchacho que se vuelve comunista y empieza a descubrir, deslumbrado, una gran hermandad rebelde que va, al menos, desde Espartaco hasta el Che.

X

Tupamaro fue el nombre que te pusimos, entre Julia, Carolina y yo. Era casi natural porque eras uruguayo y nos habías hablado de lo poco que recordabas de Montevideo, de las torturas padecidas por tu padre y el exilio. Y un día, una de las muchachas, no recuerdo cuál, llegó al cafetín de Arquitectura de la UCV, con un libro sobre la rebelión del Inca Túpac Amaru. Era un libro cubano, de "Casa de las Américas". Sabíamos muy poco de todo eso y, creo que Carola, te dio el libro y te lo llevaste.

Por varias semanas volvías siempre al mismo tema. Y contabas, con cualquier excusa, que la insurrección de Túpac se había extendido por casi todo el territorio de los Andes, desde el Cuzco hasta el norte de Argentina. Que habían sido más de cien mil indígenas rebeldes. Que había una creencia, entre los insurgentes, en torno al cuerpo de Atahualpa, el último Inca. La leyenda era que, tras matarlo, los españoles habían separado la cabeza del cuerpo. Habían ocultado el cuerpo y la cabeza por separado. Pero un día la cabeza y el cuerpo del Inca volverían a reunirse y llegaría el *Pachakuti*, el fin de la dominación de los blancos, el retorno de los Incas. Túpac Amaru, para muchos de los que pelearon y murieron con él, había venido para rearmar el cuerpo del Inca.

172

No me acuerdo de cuánto te duró el entusiasmo por esa historia. Pero sí recuerdo, perfectamente, la cantidad de chistes y de bromas que te hacíamos por traer ese tema a la conversación en los momentos más insólitos. Pero el nombre *Tupamaro* empezó a adquirir, poco a poco y para nosotros, otras significaciones.

Ya no era, simplemente, algo que habíamos tomado de la película de Costa Gavras o de la lectura de los testimonios de la guerrilla urbana uruguaya. Ahora todo eso se encontraba hermosamente mezclado. Teníamos veinte años y queríamos, a toda costa, encontrarnos con otra historia. Esa que para los poderosos sólo podía ser una historia de lo imposible.

XI

Todo era tan frágil, tan precario. Intuíamos que nos rodeaba una vasta intemperie. Pero incluso la intemperie puede convertirse en un arma. Sobre todo cuando se tienen veinte años y se es comunista, en medio de todas las traiciones e inconsecuencias, rodeado por todas las derrotas y los arrepentimientos. La intemperie puede ser un arma sólo para aquellos que se niegan a tener casa en este mundo o que eligen tratar de construirla dentro de un rayo.

Porque hay que recordar que todo esto pasó entre finales de 1988 y principios de 1989. Lo que vendría en 1992, la rebelión bolivariana, era, al menos para nosotros, literalmente, impensable. No veíamos fisuras. Las fuerzas armadas no mostraban contradicciones visibles. Había una supuesta izquierda, vale decir, un corifeo de cabrones, que hacía todo lo posible por confundirse o mezclarse con la dominación. Pensábamos que hacía falta un rompimiento absoluto, radical, con ese mundo. Marcar una distancia insalvable. Y sin duda había otros pensando lo mismo. Pero no los veíamos o no podíamos verlos porque solamente éramos un precario grupo de muchachos en dos o tres universidades o liceos, con contactos en par de barrios de Caracas. Y eso era todo. Un todo tan cercano a la nada. Esa era nuestra

intemperie. Ese era el espacio radicalmente des-
nudo desde donde había que tratar de reinventar
un mapa, preservando, a toda costa, la brújula de
una tradición rebelde. Una tradición que no era
otra cosa que una terca fidelidad a lo imposible.

XII

Llegué a Pittsburgh a principios de 1998. Ya habían pasado casi diez años desde tu muerte. Poco antes Carola me había dejado y yo ya no tenía la fe o la fuerza para orientarme dentro del mapa de incendios que tú habías trazado entre 1987 y 1989. Tampoco pensaba que Chávez podía ganar las elecciones. Todo me olía, desde mi patética autosuficiencia marxista, a traición, a pacto con los poderes establecidos. Se ganaría, quizá, un cierto espacio en el congreso y, después, otra vez, la misma vieja historieta de traiciones y arreglos. Ese fue mi cálculo. Como tantas veces, el tiempo me iba a mostrar todo lo equivocado que yo podía estar.

Yo había terminado la licenciatura en Letras en la UCV. Era obvio que no había un gran porvenir, en la Caracas de entonces, para un tipo que sólo estaba certificado para hablar de poetas, ensayistas, novelistas y toda ese cúmulo de bolserías. Irónicamente la idea de Pittsburgh me llegó a través de Carolina. Una tarde, meses después de haber terminado, nos vimos para "tomarnos un café" y ella me habló de su proyecto de irse a hacer una especialización en Nueva York. Algo de Estudios de la mujer. Nos sentamos en el Margana, en el sótano del Centro Plaza, donde tantas veces nos habíamos reunido, tú, yo, las muchachas, junto con otros locos, para planificar algo más arriesgado que lo ejecutado en la ocasión anterior.

Conversábamos y ella me mostró unos folletos donde aparecía una lista de universidades con especializaciones en literatura de América Latina. Entre ellas estaba Pittsburgh. Había un programa bastante bueno en Estudios latinoamericanos, una gran biblioteca y un profesor con el que podía haber afinidad, Beverley. John estaba publicando, por entonces, diversos trabajos sobre los testimonios de la guerrilla en Centroamérica. Pero, para ser totalmente honesto, lo que yo quería era hacer una pausa, alejarme por un tiempo. A lo mejor podía hacer el doctorado o, simplemente, un máster, me dijo Carola. Pero, por encima de todo, quería encerrarme en algún sitio a leer y no quedarme en esa Caracas que estaba saturada de recuerdos de la que había sido, por casi diez años, mi "bella guerrera". Así la nombraba, todavía, secretamente. A lo mejor tenía la inconfesable esperanza de permanecer más o menos cerca de ella. Y, por supuesto, irme, directamente, a Nueva York, estaba descartado de antemano. Todas esas cosas se mezclaron.

Llegué a Pittsburgh, en medio de toda la nieve de enero, sin saber exactamente por cuánto tiempo iba a aguantar todo aquello. Me recibió Luis, el hijo de Pedro Duno, de una manera absolutamente generosa. Ya nos habíamos conocido, en los días de la UCV, hablando de Camus y de Sartre después de las clases de Guillermo Sucre. En la casa de Luis bebimos ron, escuchamos *A Love Supreme*, de John Coltrane, y hablamos, obsesivamente, de Chávez y Venezuela. Me quedé allí como un mes, mientras encontraba apartamento.

Luego vendrían muchas cosas, uruguayo, en las que me impuse una tarea ardua pero no imposible: imaginar qué carajo habrías pensado o hecho en determinadas situaciones. O, en otros casos, reconocería en mis reacciones, en las cosas que pensaba o escribía, ecos o rastros de conversaciones y lecturas compartidas. Como cuando Chávez ganó y yo ya tenía un año en Pittsburgh, preparándome para los exámenes de la maestría. Y decidí esperar y ahora me arrepiento. Ojalá hubiéramos podido conversar sobre todo eso, uruguayo.

Aunque ahora tan sólo quisiera hablarte de una lectura que nunca compartimos. Fue algo que escribió un judío comunista que terminaría por matarse, en la frontera entre Francia y España, para no caer en manos de los nazis. Era un tipo al que le gustaba escribir sobre antiguos juguetes y símbolos de la cábala, sobre ruinas y ángeles mudos, sobre el surrealismo, Chaplin y Kafka. Era un judío errante, literalmente, vagando por toda Europa, buscando, en medio de toda la destrucción fascista, el futuro que habita en el pasado. Dijo una vez que sólo le interesaba leer aquello que nunca había sido escrito. Y le gustaba creer que los obreros rebeldes seguidores de Blanqui habían tratado de destruir todos los relojes de París, en 1848, para hacer que la esperanza de Espartaco, entre tantas otras, volviera para incendiar toda la tierra. A veces me lo he imaginado conversando con Vallejo (no creo que se hayan conocido) sobre la guerra civil española, mientras, en algún otro rincón de ese oscuro café parisino de fines de los 30, Malraux revisa el manuscrito de "La esperanza".

Pero nada de eso es lo que hubiera querido compartir contigo, Jaurena. En la biblioteca de Pittsburgh, en una de esas largas madrugadas, a principios del 99, encontré esto que Benjamin, en 1940, dejó para nosotros, como un mensaje cifrado: "Tampoco los muertos estarán seguros ante el enemigo cuando este venza. Y este enemigo no ha cesado de vencer".

Recuerdo, ahora, un paseo con John Beverley, por las ruinas de unos antiguos hornos de fundición, en Pittsburgh. Fue en Enero del 99. Caminábamos, de noche, entre aquellos restos cubiertos de nieve y hielo. John hablaba de todas las luchas de los acereros, a finales del siglo XIX. Y comentaba que allí, entre esas ruinas, había ocurrido una masacre, organizada por los Carnegie y los Mellons, contra un grupo de trabajadores en huelga. Todo eso había ocurrido allí, entre esos escombros, en medio de esos pueblos casi fantasmas, abandonados cuando la industria del acero se fue de la ciudad en los 70. Y entonces, en 1999, iban a terminar de demoler todo eso, eliminar todos los rastros que quedaban, para montar

uno de esos gigantescos centros comerciales su-
burbanos, un *mall*. Ni siquiera los muertos estarán a salvo, Jaurena, mientras este enemigo siga
venciendo.

XIII

En los meses del 87 nos encontramos, como ya dije, metidos en las brigadas de autodefensa del Partido. Había unas pocas armas cortas y la mayoría sólo podía contar con molotovs y niples. Eran los días posteriores al *Marzo merideño*. Nunca entendí, del todo, por qué el gobierno de Lusinchi respondió con tanta violencia a las demandas estudiantiles. Quizá por pura estupidez y cobardía. O simplemente porque presentía que la situación era frágil y no podía darse el lujo de que los estudiantes tomaran las calles. En Mérida, donde todo comenzó, con el absurdo asesinato de un estudiante, las protestas mostraron que la gente común podía sumarse, de manera masiva, al bando de los que manifestaban. Y a eso los que mandaban le tenían pavor. No a cuatro o cinco tipos armados metidos en un monte.

Lo más probable es que toda esa represión haya sido el resultado de una arrogante brutalidad, de una cierta tradición adeca, betancourista, de autoritarismo. Los estudiantes no estaban exigiendo, al principio, nada radical. El respeto al derecho a la protesta, el no uso de armas de fuego contra las manifestaciones. La denuncia de los primeros asesinatos de estudiantes. En nada de eso había, en el fondo, algo que cuestionara las cosas de raíz. Y el gobierno siguió allanando universidades, encarcelando estudiantes, utilizando la justicia militar. Y, de repente, en uno de los momentos más grotescos de todo eso, en medio de un obsceno cerco militar contra la UCV, apareció, posando ante las cámaras de televisión, el Comisario y su grupo de comandos. Así, de repente, los que mandaban volvieron a sacarse de la manga al que los periódicos llamaban, después de Cantaura, *el policía de la democracia*.

Todo esto inició un ciclo, una espiral que, de una manera totalmente inesperada, nos llevó, dos años más tarde, al *Caracazo* y a todas las rupturas que vinieron después. Y fue mucho el gas lacrimógeno que tragamos por entonces. Y mucho los tiros que nos echaron los malditos. Y mientras los líderes estudiantiles trataban de coordinar respuestas, de lanzar manifestaciones a nivel nacional, nosotros tratábamos de planificar la protección de las marchas, intentábamos encontrar maneras de entrar y salir, sin ser detectados de la UCV. Porque la universidad era el centro de todas las cosas que podían hacerse, por entonces, en Caracas.

Y fueron meses y meses de manifestaciones. Y eran miles de estudiantes tomando las calles, incluso de noche, como cuando la marcha de las antorchas por Sabana Grande. Y, de repente, comenzaron a matar estudiantes, de manera deliberada y no por la idiotez de un policía aislado. Empezaron a disparar con francotiradores contra las manifestaciones. O recargaban los cartuchos de las escopetas de los policías con tuercas para que no pudiera saberse de dónde habían salido los proyectiles que mataban. Y comenzaron a tomar los arcos de la UCV, esas puertas de entrada de la universidad que son como grandes arcos de concreto. Y desde allí disparaban y provocaban. Disparaban y provocaban, una y otra vez. Practicaban el tiro al blanco con los estudiantes y se reían, incluso por televisión, en vivo y directo, cuando herían o mataban. Todo eso pasó, una y otra vez, hasta que nos cansamos.

Creo que estuvimos juntos en una de esas primeras acciones contra la policía. Todavía no éramos amigos pero, como te dije, éramos tan pocos en aquel momento, en aquel tipo de acciones, que, seguro, nos encontramos en una de esas. No recuerdo la fecha exacta. Había ocurrido otra manifestación, por la plaza Los Símbolos, y los dejamos que se cebaran, que volvieran a desplegarse en los arcos. Y les metimos una buena ración de plomo y, por un momento, antes de que llegara el helicóptero, los vimos correr, asustados, humillados, algunos heridos en las piernas y en los brazos. Porque habíamos decidido que no había que matar a ninguno de esos infelices.

XIV

Estoy hablando del 87. Apenas habían pasado 5 años desde Cantaura. La masacre de Yumare había ocurrido el año anterior. Tú, según me dijiste, andabas, por entonces, en el regional clandestino del Partido en Caracas, junto con el *Guajiro*, tratando de organizar la guerrilla urbana, en medio de condiciones extremadamente difíciles. Yo estaba también en Caracas. Me había venido para estudiar derecho en la Santa María. Pero, apenas iniciado el primer semestre, empecé a odiar ese ambiente, lleno de policías y de notarios, y me propuse buscar cómo entrar en la escuela de Letras de la UCV. En esa decisión tuvieron mucho peso las conversaciones con un amigo que tú no conociste, el poeta José Lira, un carajo espectacular, mucho mayor que yo, que había estado en París en los 50, había conocido a Breton y, al regresar a Venezuela, había estado metido en la insurgencia de los 60 con el Partido Comunista. Aunque creo que te conté muchas anécdotas y cuentos del poeta Lira, la verdad es que no me acuerdo con exactitud. Lo cierto es que hablando con el poeta, en su casa de Porlamar, éste me convenció de que debía estudiar Letras y abandonar Derecho. Así crucé, sin sospecharlo, otro recodo dentro del jardín de senderos que se bifurcan.

En Caracas, después de dejar la Santa María, empecé a trabajar más seriamente con el Partido, en un periódico legal que se llamaba *Sin Permiso* y que tenía un equipo de gente excepcional, verdaderos militantes de vanguardia. Aquello empezó a crecer y como teníamos un pequeño local en la UCV era natural que empezáramos a tratar de organizar algo en ese espacio. Fue entonces cuando empezó a perfilarse la idea de organizar un equipo, semi-legal, que hiciera algunas cosas de *masas* y tratara, al mismo tiempo, de organizar algo en lo político-militar. Es decir, juntar lo que se pudiera de armas, encontrar casas de reunión, levantar información sobre el enemigo, esas cosas. Yo creía que aquello era parte del desarrollo natural de cualquier trabajo político revolucionario. Buena parte de la dirigencia histórica estaba muerta, presa o perseguida. En una situación como esa teníamos un margen bastante amplio para tomar ese tipo de iniciativas. Después veríamos cómo enlazar todo aquello con otras cosas que se estaban haciendo, con las uñas, por allí.

Y comenzamos a trabajar muy duro, con la intensidad que seguramente poseyó a aquellos fanáticos de esas sectas medievales que creían estar trabajando para acelerar el Apocalipsis. Éramos el Chino, Federico, el negro Miguel, Ramiro, el Gallego, el negro Pedro. El Gallego era cuadro medio del Partido, era el más viejo de nosotros y era nuestro responsable. No recuerdo en qué momento empezamos a contactar con las comunidades cristianas, de la teología de la liberación, de La Vega. Creo, no estoy muy seguro, que la venta del *Sin permiso* fue clave en los primeros acercamientos. Allí se empezó a enlazar con Francisco, Iván y toda la gente de la comunidad *Promesa y liberación*. En el fondo ya éramos una especie de facción o de tendencia dentro del Partido. Pero al principio yo no tenía muy claro todo eso.

Todo esto ocurría paralelamente a las protestas estudiantiles del 87. Vivíamos inmersos en una suerte de vórtice del tiempo y todo adquiría una velocidad salvaje. Dormíamos poco los de *Sin permiso* y amanecíamos sacando artículos, tirando pintas, era una locura. Ahora recuerdo que fue después, más de un año después, cuando tú y yo ya no estábamos en el Partido, cuando nos llegó un documento de los *desobedientes* sobre la *militancia dual* y fue en ese momento cuando empecé a hacer mi balance de la experiencia del *Sin permiso*, leyendo y viendo las similitudes de lo que había vivido con lo que planteaba la gente de *Desobediencia popular*.

La idea era la siguiente: el foquismo de los 60 y 70 había sacado a muchos cuadros de masas de su entorno natural, de su espacio de relaciones sociales, para meterlos en un monte o en una casa clandestina y ponerlos a operar militarmente. Eso había terminado por debilitar la inserción social de la vanguardia. En aquel momento, seguían los *desobedientes*, es decir, en 1988, había que tomar un riesgo calculado. Había que apostar a tener un pie en los dos lados: en los espacios de masas y en la construcción militar revolucionaria, concebida, para esa etapa, como brigadas de autodefensa. Esa era la apuesta, para el *Francés*, el *Gordo*, el *Viejo* y otros con los que fuimos trabando amistad. Y esa militancia doble, de manera no planificada, de un modo casi natural, había sido la experiencia del *Sin permiso*. Por nuestro lado, además, habíamos comenzado a cuestionar la vieja idea de la guerra popular prolongada, de la guerrilla rural en Venezuela. Nos parecía estúpido pensar que en un país con una concentración tan alta de gente en las ciudades el escenario fundamental de la lucha, para algunos, siguiera estando en los montes del interior. "No a la tala y a la quema de árboles: colabora con la guerrilla", era una de tus ironías favoritas contra toda esa visión.

La doble militancia. Esa era la apuesta y cuando nos quedamos en la intemperie, a finales de 1988, fuera del Partido, prácticamente solos, nos quedó bien claro que las posibilidades en contra estaban creciendo de manera vertiginosa. Al menos en ese tiempo que pensábamos como el inicio de algo nuevo.

Apostar: toda la fragilidad de la vida, la finitud carnal de todo lo que vive, parece ahora, veinte años después, haber estado expuesta, desde siempre, en esa palabra. O quizá, era al contrario: toda la frágil infinitud de la esperanza podía estar contenida en ese tipo de apuestas. Una apuesta sin cartas marcadas, sin dados arreglados, sin un maldito tahúr que arreglara las cosas de antemano para salvarte en el último minuto. Porque ya habíamos visto lo de Cantaura, lo de Yumare, los asesinatos de estudiantes, ya habíamos asimilado todo eso como parte de nuestra experiencia. Y, por tanto, casi como si fuese el resultado de un argumento de lógica formal o la solución a un problema matemático, la apuesta era contra toda la oscuridad, contra toda la podredumbre de la muerte hecha poder en la Venezuela de esos años.

XV

No voy a hablar de la excusa que yo terminé por darles para expulsarme del Partido. A lo mejor había gente, dentro de la dirigencia, que pensaba, de manera sincera, que yo era un militarista, un foquista y por eso se me debía expulsar. Y quizá tenían razón. O quizá hubo otros cálculos. No lo sé, no puedo saberlo ni voy a averiguarlo. Ya no me importa y lo digo sin resentimiento. Meses después de todo aquello, me tropecé con un verso de Vallejo que terminó por recoger lo que pensaba y sigo pensando: "¡Adiós, tristes obispos bolcheviques!". Muchas veces me repetí esa frase, secretamente, al ver los pasos que ellos daban hacia la *pacificación*. Un Partido que se había convertido en un fin en sí mismo y no en un instrumento de la guerra necesaria, de la guerra santa contra los que mandaban en Venezuela.

Ese instrumento hizo una falta enorme en los días de Febrero del 89. Pero pesaban demasiado los cálculos burocráticos, los esquemas y las rutinas establecidas. Todo eso permitió que persistiera una estrategia dentro de la que se embarcaron algunos que, de manera honesta, se metieron en los montes, cuatro o cinco años antes del *Caracazo*, para reconstruir todo lo que se había perdido en *Cantaura*. Como si esos combatientes, esas armas y esos recursos no hubieran estado mejor empleados cuando se nos vino encima el 27 de Febrero en las calles de Caracas. Pero estoy siendo injusto: nadie pudo prever esa ruptura, ese punto de quiebre. Esa es la verdad pura y simple.

Y en aquella época, después de la expulsión, pasé un par de meses dentro de una crisis brutal. Estuve fuera de todo, tratando de reconstruirme, de ser lo más sincero posible en mi balance de todo lo que había pasado. Luego regresé a Caracas, retomé las clases en Letras y fue entonces, por esos días, cuando nos hicimos amigos, uruguayo. También conocí a Carola y tú a Julia. Y se inició, de verdad, esta otra historia. Aquella, la de los *obispos bolcheviques* y toda su mísera tristeza, ya no volvió a interesarme jamás.

XVI

Tú sí te fuiste del Partido por convicción. Empezaste a plantear, según recuerdo, la cuestión de darle prioridad a la guerrilla urbana. No el rol auxiliar que se le otorgaba en los documentos del Partido. Acciones de propaganda armada, la autodefensa de las manifestaciones estudiantiles, el ajusticiamiento de torturadores, todo eso lo planteaste, una y otra vez. Por eso terminaste por quedar aislado, por hacerte incómodo y te fuiste. Además se te juntaron otras rupturas. Dejaste la carrera de Ingeniería en la Simón Bolívar. Estabas harto, también, de ese ambiente. Te seguías viendo con el *Guajiro*. Éste no quería romper con la organización por disciplina, porque ya llevaba un montón de años adentro y creía, honestamente, que no se podía ser comunista sin Partido. Ese contacto lo íbamos a añadir a otros, como algo estratégico, cuando comenzamos a pensar en lo del Comisario.

Te fuiste del Partido, por Agosto o Septiembre del 88. Estabas tratando de entrar en Filosofía, en la UCV. Ahora trato de recordar el momento exacto en que comenzamos a hablar, a conversar de política, y no puedo precisarlo. A lo mejor fue durante aquella manifestación, durante el plebiscito en Chile, contra Pinochet. Se distribuyeron unos panfletos, por la plaza de las Tres Gracias, se pegaron algunas pancartas y creo que fue por entonces cuando comenzamos a conversar. Creo que alguno de los dos mencionó lo de la brigada de autodefensa en el 87. Y a partir de allí fue inevitable hablar de tantas otras cosas.

A lo mejor fue ese mismo día cuando comenzamos nuestras caminatas por Sabana Grande. Esos paseos que se convertirían en un ritual, parándonos a jugar ajedrez, a ver a alguna mujer que pasaba o para entrar en las librerías y *tumbarnos* algo interesante. La noche nos agarraba, a veces, frente al Radio City o cerca de La Previsora, juntando las cuatro monedas que teníamos para tomarnos un par de cervezas en el *Delia* o caminar hacia el Ateneo para vernos con las muchachas.

Hubo un lapso de paz, de cierta tranquilidad, durante las dos o tres semanas anteriores a la masacre de El Amparo. Días y noches de leer, de conversar hasta el amanecer y estar con nuestras *Inoxidables*. Recuerdo una madrugada en Sabana Grande, después de un aguacero, sin Julia ni Carola, caminando hasta Los Ruices porque no teníamos ni un centavo para el pasaje. Le diste una patada a una lata de cerveza vacía y te escuché murmurar: "El reformismo siempre comienza con el miedo a la muerte".

XVII

Una de las pocas personas con las que he hecho amistad, acá en Cornell, es Susan Buck-Morss. Ella escribió un libro espectacular sobre Walter Benjamin, ese judío errante marxista del que te hablé hace rato. Una tarde, mientras dábamos una caminata por los bosques que bordean el campus universitario, me contó que cuando estaba investigando sobre Benjamin, en Alemania, hace unos cuantos años, la República Federal le dio acceso a unas cajas con documentos y cosas de los 30. Revisarlas era parte de la pesquisa general que estaba haciendo sobre toda esa época. Y encontró una caja no clasificada, llena de papeles y documentos personales, algunos libros. Y, de repente, dentro de uno de los libros, se tropezó, por puro azar, con una bonita postal del Día de la Madre. Estaba firmada por Hitler.

Susan, hace un par de años, escribió un ensayo largo, *Hegel y Haití*. En él sostiene que el origen de la famosa dialéctica del amo y el esclavo se encuentra en la lectura que hizo el joven Hegel de las noticias de la revolución haitiana. Parece que cuando Hegel estaba en Jena, escribiendo la *Fenomenología*, las noticias de los esclavos rebeldes, en una remota isla del Caribe, aparecían, con frecuencia, en las revistas y periódicos de Alemania. Todo parece indicar, según Susan, que ese fragmento, central para el pensamiento de Occidente, tuvo su origen en la única rebelión de esclavos exitosa que se conozca. Y todo eso, esa vasta constelación de hechos e ideas, no ha dejado de resonar, de mezclarse en mi cabeza, con lo que dijiste aquella madrugada, sobre el reformismo y el miedo a la muerte.

Imagínate, uruguayo, el fragmento de Hegel como un relato mítico, un cuento sobre los orígenes de todas las cosas humanas, narrado por una voz muy antigua e insomne, cansada de tanto horror, murmurando sola, mientras los otros duermen, alrededor de una fogata que se apaga, en medio de una vasta intemperie nocturna.

En el principio dos hombres se encontraron. Cada uno quería ser reconocido por el otro de una manera total, absoluta. Cada uno quería ser, de un modo único, el más poderoso, el dueño de todo el poder y la gloria. Y por ello se enfrentaron en una pelea a muerte. Una pelea salvaje, brutal. Pero sólo uno de los dos estaba dispuesto a morir. Y el otro, en medio del combate, sintió, de repente, el terror de la finitud, el horror a la muerte. El que no sintió ese terror terminó por dominar al otro y se convirtió en el amo.

El miedo a la muerte nos hace esclavos. Uno no tenía que ser Hegel para comprender eso en la Venezuela de los 80. Para nosotros, desde Cantaura en adelante, los que mandaban trataban, una y otra vez, de imponer ese miedo, grabarlo en la piel e incluso, de manera literal, en los huesos de cualquiera que se alzara. Obviamente repetían esquemas de los 60. Nada de esto era nuevo ni exclusivo de Venezuela. Y, por supuesto, que no era una política generalizada. Sería estúpido decirlo. Era algo que trataban de enfocar en los subversivos, reales, potenciales o, incluso, imaginarios que pudieran andar por ahí. Para el resto de la población bastaban las mentiras de los periódicos y de la televisión, los sermones de los curas, las telenovelas, los concursos del *Miss Venezuela*, Amador Bendayán y los rituales electorales de cada cinco años.

Ni tú ni yo estuvimos, en Octubre del 82, en esa zona del llano de Anzoátegui, cerca de Cantaura. Pero, en cierto sentido, fuimos testigos, llegamos a saber bastante en torno a todo lo ocurrido. 23 masacrados, más de dos decenas de cuerpos torturados, despedazados con ese odio que sólo conocen, a fondo, los cobardes. Y un cabrón, de esa supuesta izquierda, en el parlamento, diciendo: "guerra es guerra".

En Cantaura acabó una etapa de propaganda armada, pensada en términos de guerrilla rural, en Venezuela. Toda una dirigencia exterminada, todo un grupo de cuadros asesinados, de una manera brutal. Porque se quería mandar un mensaje. Y, de nuevo, los rumores sobre infiltrados, en posiciones estratégicas, dentro de ese frente guerrillero y toda la obvia planificación, calculada hasta el mínimo detalle, del exterminio, sin ninguna consideración hacia las normas que regulan la guerra en cualquier parte del mundo.

El Comisario no fue el único responsable del salvajismo con que se trató a los prisioneros ese día. Porque hay testimonios de los sobrevivientes, de aquellos que lograron escapar al cerco militar. El Comisario, repito, no fue el único responsable material de haber torturado a prisioneros, a gente que se había rendido, para después asesinarlos a sangre fría. Hay muchos otros por allí. Pero hay algo que particulariza al Comisario, algo que lo destaca del resto de los otros animales. Su pantallería, ese mostrarse en los medios, como un carnicero orgulloso, cubierto de sangre. Y eso era posible, además, porque la televisión y la prensa apoyaban con fervor ese exhibicionismo tan grotesco. Un "héroe" hecho a la medida de los que gobernaban el país en esa época.

Y había, desde luego, un diseño más global, unas directrices que venían desde afuera. Era la época de la guerra en Centroamérica, de los mercenarios, pagados por un triste payaso hollywoodense, que atacaban a Nicaragua y de las matanzas de campesinos salvadoreños. Lo de Cantaura pertenece a esa época y detrás de toda esa violencia lo que estaba era la doctrina de contrainsurgencia gringa, esa idea de que había que matar a los movimientos rebeldes en sus inicios y de la manera más brutal posible. El Comisario, los de la policía política, los militares que participaron en eso, los gobernadores, ministros y periodistas, el maldito cabrón de Luis Herrera, todos ellos, en definitiva, eran peones dentro de un ajedrez que era pensado por otros. Eso era lo que le inculcaban a los oficiales que mandaban a hacer cursos en la Escuela de las Américas. Esas eran las enseñanzas que recibían los policías que se iban a hacer cursos en Israel. Piezas en el intento de imponer, a toda costa, el miedo a la muerte, tan viejo como la lucha entre amos y esclavos. Hegel lo que hizo fue expresarlo en jerga filosófica.

Y, sin embargo, algo estaba ausente, desde el principio, en esta variante criolla del relato hegeliano. Lo ausente era todo un sistema erigido contra aquellos a los que se quería someter. No era, nunca lo fue, un combate entre dos, con una cierta igualdad de condiciones. Al contrario, se trataba de una maquinaria muy bien aceitada, con enormes presupuestos, miles de soldados, Amador Bendayán, las misses, las telenovelas y toda una vasta red de cabronería en Venezuela. A diferencia del mito narrado por Hegel no hubo nada heroico en esos amos o en todos los que existieron antes. Nada heroico sino una miseria profunda, medular, de gente al servicio del dinero, de la expropiación de la vida. Y frente a toda esa podredumbre la grandeza de los que se alzaron y murieron en Cantaura, en Octubre del 82. Definitivamente el reformismo es hijo del miedo a la muerte, uruguayo.

XVIII

En algún lugar leí algo que ocurrió en Auschwitz. Existía, en ese campo de concentración, un grupo de prisioneros que se encargaba de limpiar los cadáveres, los hornos de cremación, de hacer cualquier cosa que ordenaran los nazis con tal de sobrevivir. Un día de sol primaveral, contó un testigo, ese grupo de prisioneros, durante una pausa de su trabajo, jugó una partida de futbol con un grupo de las SS. El público celebró las jugadas, hizo apuestas y animó a los jugadores como si todo aquello fuese un encuentro de fin de semana, entre amigos que toman cerveza, en un parque de un pueblito en medio de la nada. El público estaba compuesto, también, por miembros de las SS y algunos prisioneros de aquella vasta máquina lanzada por las élites de Europa contra la Unión Soviética.

Luego leí algo que escribió Agamben sobre ese partido de futbol, jugado en un círculo secreto del infierno que Dante no alcanzó a recorrer. Agamben sostiene que mucha gente pudiera pensar que ese juego fue algo así como una pausa de humanidad en medio de un horror absoluto. Pero es todo lo contrario. Ese juego de futbol muestra, radicalmente, el verdadero horror del campo de exterminio. Ese horror que ha maquillado de normalidad, de una atmósfera de cómoda beatitud, a las masacres ejecutadas por el fascismo, en todas partes, en todos los rincones de la tierra. Porque ese juego de futbol no se ha dejado de jugar en todas partes, una y otra vez, obligándonos a ser sus espectadores, a cada instante, en todos los televisores del planeta. ¿Te imaginas, uruguayo, por un momento, a toda la gente que, en la Venezuela de 1982, siguió viendo las telenovelas o el béisbol como si nada hubiera pasado en Cantaura? Queríamos tratar de parar, a toda costa, ese juego transmitido por televisión.

XIX

Algo publicado en las páginas sociales de *El nacional* o *El universal*, unos meses antes de Cantaura, sintetiza, de manera muy precisa, la atmósfera habitada por los sectores dominantes en esos años. Estaba en una nota que Yulimar encontró revisando viejos periódicos, con infinita paciencia, en la Hemeroteca Nacional. *Yoko* nos ayudaba investigando para un dossier que queríamos armar sobre el Comisario y su entorno. Su hallazgo sólo guardaba una relación indirecta con el *policía de la democracia*. Pero ella, de todos modos, lo fotocopió para traerlo ante nosotros con esa sonrisa irónica tan suya.

En julio de 1982 la esposa del entonces ministro de relaciones exteriores, Leonor de Zambrana, invitó a buena parte del *jet set* caraqueño a su fiesta de cumpleaños. Un evento por todo lo alto, con el más exquisito caviar y los licores más costosos. Un encuentro de nuevos ricos, ampliamente reseñado en prensa, radio y televisión. El lugar del evento, la sala de fiestas escogida por la señora del canciller, no fue otra que la casa natal de Simón Bolívar, en la esquina de Gradillas.

XX

Ahora trato de recordar esos días en que conocimos a Julia y a Carola, ese lapso de cierta paz antes de la masacre de El Amparo. Yo conocí a Carolina en la Escuela de Letras. Todo empezó cuando me invitó a que estudiáramos juntos en las mesas de la biblioteca de Humanidades, justo enfrente de las oficinas de la Escuela. Recuerdo que éramos compañeros en un curso sobre los clásicos griegos. Lo nuestro, aunque suene cursi decirlo, comenzó leyendo fragmentos de Heráclito. Fue así como, tiempo después, tomamos uno de sus aforismos como nuestro lema íntimo: "la armonía oculta es superior a la aparente". No podíamos ser, exteriormente, más distintos. Ella era una presencia luminosa y yo, pendejamente, me echaba encima, sin que nadie me lo hubiese exigido, todas las pesadas boberías de un estalinista en busca de un nuevo partido.

Comenzó a gustarme cada vez más y me puse a escribirle unos poemas, bastante malos, básicamente imitaciones de Eluard, Desnos y otras cosas que me había instigado a leer Lira Sosa. Y Carola era una rubia espectacular, con aquella cabellera larga, llena de rulos, una sonrisa arrolladora y sus lentes de *Gatubela*, como tú siempre decías.

Y ahora me viene a la memoria aquel cumpleaños tuyo, en casa de Vero, la chilena, cuando llevaste a aquel montón de locos que se nos iban juntando en las protestas de la Universidad. Fue aquella madrugada, de tu fiesta, tan loca, tan disparatada, que yo me empaté con Carola. En un rincón, mientras sonaba algo de *The Cure*, ella y yo nos dimos un primer beso. Y ese primer contacto, para mí, recogió, por un momento, toda la violenta ternura de la tierra y de todas las constelaciones en fuga, más allá de este mundo, en su infinita expansión hacia un lugar imposible, absolutamente luminoso, remoto e íntimo, como todo lo que verdaderamente importa de este mundo. Creo, además, que también fue en esa fiesta cuando comenzó lo tuyo con Julia.

Y, entonces, en lugar de cantarte el cumpleaños gritamos, sin ninguna melodía, la *Internacional*. Arrasamos con toda la caña que pudiera encontrarse en varios kilómetros a la redonda para luego bailar, de una manera absurda, una especie de danza tribal. Era como si quisiéramos volvernos indios caribes, aztecas preparándose para extraer unos cuantos corazones sobre una pirámide o un grupo de Cheyennes a punto de degollar al General Custer. Locos furiosos escapados de las páginas, aún por escribirse, de un nuevo Apocalipsis que nadie podía imaginar que iba a pasar unos tres meses más tarde.

Los vecinos, de aquella urbanización de clase media, estaban totalmente enloquecidos, furiosos, con nuestros gritos a las 3 de la mañana porque creo que era día de semana y nos importaba un carajo. En todo caso, cuando por fin la policía tocó la puerta de Vero ya nos habíamos ido caminando. Carola y yo nos fuimos hasta la casa de Los Ruices para comenzar a vislumbrar esa armonía secreta que permanecería irreductible, a pesar de todo y contra todo, durante los momentos más duros. No me acuerdo a dónde fueron a parar Julia y tú, en esa madrugada de ebriedad comunista que fue la de tu último cumpleaños. Por cierto, tres días después, creo, ocurrió la masacre de El Amparo.

XXI

Una vez me empezaste a contar una historia, inspirada en Borges y Philip K. Dick. Un tipo como nosotros, estudiante de una Universidad latinoamericana, era el protagonista. El personaje, a finales del siglo XX, empezaba a hacer su tesis, para graduarse de historiador, sobre los Incas, sobre cualquier aspecto de la cultura Inca. Empieza a investigar y, poco a poco, descubre que la realidad que le rodea ("nuestra realidad", insistías) era, para decirlo simplificadamente, la pesadilla recurrente de un escritor apocalíptico que vivía en un universo paralelo, en otra historia, radicalmente distinta a la nuestra. En ese otro mundo Túpac Amaru II había ganado la guerra contra los españoles y creado una especie de imperio socialista en América del Sur. A finales del siglo XX era un mundo casi perfecto y te ponías a describir el cine, el teatro y la literatura de ese universo paralelo. Pero estaba este escritor, este novelista exitoso, que escribía una especie de realismo socialista neo-inca y que empezaba, de repente, a tener pesadillas, a pesar de todo lo que le rodea. Y esas pesadillas constituían, desde luego, el mundo del estudiante de tu cuento, nuestro mundo. "Bueno, escríbela y mándasela a Vargas Llosa", fue lo que te dije. No me hablaste como por una semana. Me gustó mucho más aquella otra variante de Phil Dick que me contaste, mucho después, en aquellas largas madrugadas, sin sueño, cuando nos escondíamos de los allanamientos después del 27 de Febrero.

Un profesor de historia de las religiones, de un país no especificado, viajaba, en este otro relato, al Medio Oriente, al Mar muerto, y descubría, tras varias peripecias, un antiguo Evangelio gnóstico. Logra verificar su datación. Resulta ser el Evangelio gnóstico más antiguo encontrado hasta entonces. Se dedica a descifrarlo y descubre algo que termina por afantasmarlo. El texto, básicamente, comenzaba con una larga historia universal, desde la creación del mundo hasta el momento exacto en que nuestro protagonista descubría el Evangelio, en una cueva de los esenios, dando incluso los detalles del hallazgo y el nombre del historiador. Al final del Evangelio, el protagonista de tu otro relato encuentra la clásica tesis gnóstica. Todo este mundo no es más que la creación de un demonio en rebelión contra un dios radicalmente ajeno a la tierra, a la carne, a nuestra existencia física. Eras, como te dije en ese momento, una especie de gnóstico salvaje, extraviado en un universo creado por oscuros demonios.

Y había algo de radicalmente cierto en esas narraciones que nunca escribiste. Cuentos o novelas que quizá existan en algún universo paralelo, textos extraviados en algún rincón inaccesible de la Biblioteca Total. Esa verdad radical tenía mucho que ver con la atmósfera de alucinación que adquiría, por momentos, la violencia que siempre nos amenazaba. Su carácter de pesadilla diseñada para preservar el orden. Tres masacres, me decías en aquellas madrugadas del toque de queda, tres masacres, entre 1982 y 1988, como preámbulo a la cuarta y más brutal de todas.

XXII

Recuerdo, ahora, cómo nos enteramos de la masacre de El Amparo. Fue en el cafetín de Economía de la UCV, donde todavía seguíamos con los chistes sobre tu cumpleaños. Creo que había un televisor que dio la noticia o una radio que era de los que atendían la máquina de hacer café. El titular era algo así como "14 guerrilleros colombianos mueren en enfrentamiento con fuerzas venezolanas en la frontera de nuestro país", algo parecido a eso decían los muy cabrones.

Allí mismo comenzamos a organizar la protesta, sin conocer todavía la verdad que estaba por emerger. Empezamos a juntar a la gente que había participado en la vaina de repudio a Pinochet. Se nos juntaron otros que andaban dispersos por ahí, gente de los liceos, unos carajos que mandó el *Guajiro* y que venían de la Técnica de Campo Rico. En aquel momento no teníamos armas. El Partido se había quedado con las pocas que habíamos ido juntando, arriesgando el cuero, en varios desarmes de policías que hicimos por allí, durante el 87. Yo me fui a la casa de Los Ruices porque allí teníamos una maquinita de escribir y me puse a darle hasta que saqué un panfleto que, rápidamente, caducó, se volvió obsoleto, en pocas horas. En el volante que había escrito denunciaba la repetición de Cantaura y Yuma-

207

re. Hasta donde recuerdo era un panfleto repleto de lugares comunes, absolutamente ineficaz. La cosa es que aparecieron dos sobrevivientes de la masacre, dos pescadores de la zona que aparecían nombrados en el parte oficial de los "guerrilleros" muertos. Los sobrevivientes lograron llegar, no me preguntes cómo, a Caracas, a Petare, a la casa de un cura, Matías Camuñas, quien los protegió. Desde la iglesia de Camuñas, creo, comenzó a organizarse, rápidamente, la denuncia de lo que había ocurrido. 14 pescadores, del río Apure y del Arauca, destrozados a tiros, por la gente del Comisario. Todo indicaba que se trataba de un montaje, un parapeto para ganar ascensos, la aprobación de mayores cantidades de dinero para un grupo de seguridad fronteriza, en fin, todo el odio a la vida, otra vez, mezclado con las miserias del poder y del dinero, toda esa mezcla de mierda, de corrupción medular, casi ontológica, que expresaba muy bien la sonrisita de Lusinchi.

Tú, uruguayo, te dedicaste a juntar materiales para hacer niples y bombas molotov. Las cosas estaban almacenadas en algún lugar de la Simón Bolívar que yo desconocía, vainas que te quedaban de tu paso por el regional clandestino de Caracas. Yo reescribí lo mejor que pude el panfleto que íbamos a reproducir en la Simón. Estuve escribiendo hasta bien tarde en la madrugada, ganándome los insultos de un vecino que no podía dormir, un tipo que era el hijo de una amiga de mi familia que había alquilado un anexo de la casa de Los Ruices. El tipo me insultó, hasta que se cansó, a través de la pequeña pared que separaba los dos espacios de la casa. Yo me cagaba de la risa sin contestarle. Luego te contaré el destino de ese pobre diablo durante los días duros del *Caracazo*.

Subí a la Simón con el texto más o menos acabado. Carola me llevó, en la madrugada, en el aporreado Chevette rojo de su mamá y empezamos a revisar las opciones. Recuerdo la neblina entre los pinos de Sartenejas y que Carola había llevado café en un termo. Tú estabas con Julia y venías de hablar con el *Guajiro* sobre las posibilidades de movilizar un par de liceos hacia la zona de Petare, por los lados de la Técnica de Campo Rico. Lo cierto, dijimos, es que con lo único que podíamos contar era con lo poquito que había en la UCV. En la Simón Bolívar era inimaginable una protesta contra la masacre. "Hay que armar un gran mariquerón, una vaina arrecha que se haga sentir", fue la conclusión de Carola mientras veíamos, en un pequeño televisor en blanco y negro, el resumen de las noticias donde se repetía, con lujo de detalles inventados, la versión oficial. "Cuando llegue la revolución habrá que fusilar, colgar o degollar a unos cuantos periodistas", dijiste en medio de toda la furia que producía tanto cinismo, tanta violencia disfrazada de libertad de expresión.

XXIII

De la protestas de toda esa época me queda la memoria de la respiración entrecortada, de la asfixia provocada por los gases, del olor del vinagre mezclado con el del sudor dentro de las capuchas. Aunque nos cambiábamos, a cada rato, para no hacerles más fácil nuestra identificación a los malditos policías. Mi memoria auditiva preserva, también, la vibración, como de abejas escapadas de un incendio, de los disparos de los francotiradores de la DISIP.

Cuando lo de El Amparo creo que era un jueves y salimos por los lados de puerta Tamanaco, por donde está la estatua de Salvador Allende, colocando, de un poste a otro, alambres de púas para dificultar el paso de los motorizados de la policía. Avanzamos quemando el módulo de tránsito terrestre que estaba a la altura de la autopista, mientras que otros grupos con las pocas armas que tenían, se colocaban en posición de repeler cualquier intento de la Guardia Nacional de atacar desde el jardín botánico. Lluvias de piedras y botellazos. Una pancarta colgando del arco de la entrada de la Universidad exigiendo castigo a los culpables de la masacre. Se fueron sumando estudiantes y empleados. Hay que recordar que todo el auge del 87 había pasado y que ya no estaban las grandes masas de estudiantes en la calle. Sin embargo fue una protesta numerosa y con todos los elementos que habían hecho, para nosotros, del *Marzo merideño* un modelo a seguir, un modo de tratar de concatenar las luchas populares con las protestas universitarias. Y, como siempre, en el medio de todo esto, estaba nuestra preocupación por organizar todo aquello, por crear el embrión de una organización de vanguardia.

Hoy en día, tantos años después, esa pretensión puede sonar bastante ingenua o infantil. Pero en aquel momento ese era nuestro plan. Un elemento que se añadía a todo esto era que tú habías empezado a hablar, entre los más cercamos, de que Venezuela vivía una situación pre-revolucionaria, "con inhibición del movimiento de masas", decías con insistencia de alucinado.

Una situación pre-revolucionaria. El concepto lo sacaste de un libro de Harnecker y lo aplicaste tal cual a Venezuela. Cualquiera, con la excepción de las muchachas y yo, te veía como si estuvieras loco cada vez que decías eso. Parecía, de verdad, un delirio. Y sin embargo había método en esa locura. Te ponías a analizar lo que iba a apareciendo, aquí y allá, sobre las medidas económicas que iba a tomar el próximo gobierno adeco-copeyano y veías en eso la posibilidad de que se reactivara algo de lo del 87 con mayor contenido popular. Pero nada, ni siquiera la autora de "Los conceptos elementales del materialismo histórico" pudo prepararte para la radicalidad de lo que venía y que nadie pudo imaginarse.

El balance de aquel día fue que casi todos terminamos heridos de perdigones o balas. Los motores de todo aquello éramos, más o menos, una docena de tipos y desde allí se comenzó a hablar, en la UCV primero y luego en la prensa, de los *doce del patíbulo*. La parte más ridícula de la jornada me tocó a mí, ¿te acuerdas uruguayo? Al comenzar la tarde y en medio de un avance brutal de la brigada anti-motines decidí lanzar un niple gigantesco, una bomba de tubo con una mecha extremadamente corta que tú te habías traído desde la Simón y que, riéndote, decías que nadie sería tan demente como para tratar de lanzarlo. "Hay que añadirle algo más de mecha y colocarlo para cuando avancen sobre nosotros".

Bueno, uruguayo, yo traté de ser más loco que tú aquella tarde y agarré aquel aparato de hierro, lleno de pólvora, clavos, vidrio molido y lo lancé contra el grupo de malditos que cargaba contra nosotros. Menos mal que aquella vaina no me estalló en las manos. Reventó muy cerca de mí, dejándome el pantalón destrozado y una pierna herida. Dos o tres policías cayeron heridos dentro de aquel estruendo que me dejó casi sordo por varios días.

Y fue allí que *Pelo lindo* y el *negro* Pedro me arrastraron fuera de la andanada de plomo de la PM y me llevaron a un lugar más o menos seguro, donde alguien me limpió las heridas mientras tú, muy cerca de allí, te cagabas de la risa de este lunático que desde entonces bautizaste como el *Palestino*, por aquello de los atacantes suicidas.

A partir de entonces seríamos un *Tupamaro* y un *Palestino* sumados nada más y nada menos que a los *doce del patíbulo*.

XXIV

Recuerdo los viajes en el metro, entre Los Dos Caminos y La Paz, yendo a reuniones en La Vega con la gente de la Comunidad Cristiana. A veces veníamos, casi siempre tarde en la noche, desde los Cangilones, caminando hasta el puente de los leones para tomar el tren hasta el Silencio, conversando de quien sabe cuál de tantas conspiraciones. En *Capuchinos*, te burlabas, cuando pasaba el tren por una de esas estaciones casi desierta, como todas, a esas horas.

La central, la más obsesiva y recurrente de todas las conspiraciones era, obviamente, la del pasaporte a la nada, con visa de primera clase al infierno, que queríamos entregarle al Comisario. Lo del Amparo nos habría dado el contexto político perfecto para liquidar al malparido. Pero, por esas vainas del azar, el tipo había tenido un accidente y se encontraba en un hospital militar. De todos modos seguíamos dándole vueltas a la casa de la mamá, tomando fotos de cualquier detalle, con la cámara de Julia, haciendo croquis, explorando las entradas y salidas, pensando, una y mil veces, en cómo podía ser la retirada luego de la ejecución.

Y fíjate, uruguayo, otra vez, en la precariedad de los comienzos de esa insurgencia que estábamos tratando de tejer. Tirábamos piedras, chequeábamos torturadores, nos reuníamos con decenas de tipos que andaban, como nosotros, buscando cómo darle la vuelta a la revolución venezolana luego de tantas derrotas, masacres y traiciones. Y era organizar, con las manos peladas, un desarme aquí, entrándole a carajazos a un pobre vigilante o a un policía medio dormido hacia el final de la madrugada. Era averiguar, por allá, si alguien podía prestarnos, en una emergencia, una casa. Y aún más allá lo único que había, hasta entonces, era un desierto que planeábamos cruzar, buscando una tierra nueva que nadie nos había prometido. Y los mapas que teníamos, Jaurena, no eran del todo confiables.

Así, a pulso, arriesgándolo todo en cada acción, violando cualquier principio racional de "acumulación de fuerzas", fuimos juntando nuestras pocas armas. Un par de revólveres, dos pistolas nueve milímetros y una ametralladora HK. Siempre nos cagábamos de la risa recordando la cara de terror del pobre policía al que se la quitamos en un lugar de cuyo nombre no quiero acordarme. Tú siempre encontrabas un placer considerable en hacer muecas, imitando su rostro, mientras lo desarmábamos a coñazo limpio y hacías esas muecas en las situaciones más insólitas por el simple goce de recordarlo.

A veces nos apoyaban algunos de los otros *patibularios*, *patibulosos* o *patibultrosos* como ya la prensa y los idiotas habían comenzado a llamarnos. Pero casi siempre le entrábamos a esas vainas a dúo con una mano, de vez en cuando, de *Yoko* o de nuestras *inoxidables* mujeres.

XXV

Hay algo arcaico en toda esta historia tuya, Jaurena. Algo que no alcanzo a definir. Un aura que quizá sólo podría hallarse en viejas canciones sobre batallas olvidadas, en antiguos poemas épicos, perdidos para siempre, en los que algunos intentaron recoger el significado del valor y de la verdadera firmeza. Y ahora recuerdo tantas acciones de una audacia inaudita y sólo me queda conjeturar que quizá llegaste a comprender, en el lapso entre una y otra, en esas pausas antes de la próxima apuesta, que el destino de tu alma era semejante al de las piedras más duras: terminar pulidas, hasta alcanzar una transparencia casi inhumana, por la violenta intemperie del mundo.

O acaso ese algo que no puedo definir sea eso que los antiguos llamaban honor, esa vieja palabra tan gastada por el uso y abuso de siglos. No puedo dejar de pensar en todo esto cuando recuerdo nuestras conversaciones sobre el asunto de las armas, de los enormes riesgos asumidos para conquistar cada una de las que teníamos y recuerdo una frase tuya: "Nuestro honor será pelear con ellas cuando las tengamos y sin ellas cuando no las tengamos". Definitivamente hay algo arcaico en todo esto, Jaurena. Arcaico como el inexplicable esplendor de ciertas armas cuando está a punto de amanecer.

XXVI

Escuchando a John Coltrane, mientras la nevada nocturna, golpeando sin pausa las ventanas, parece ignorar, infinitamente terca, todo lo dictado por el fuego entre estas paredes desnudas. Ha sido larga esta madrugada. Escucho, dentro de una oscuridad casi absoluta, el *Salmo* de *A Love Supreme*, ese himno que un tataranieto de esclavos rebeldes grabó, una tarde de 1965, antes de que tú y yo naciéramos, uruguayo.

Nunca supe si llegaste a escucharlo. Pero ahora, Jaurena, sin saber exactamente por qué, no puedo dejar de asociar esa música, esas notas que son la dura cosecha de quién sabe cuáles abismos, no puedo, te digo, dejar de conectar esos sonidos desesperados con el recuerdo de esas madrugadas de juntar materiales para las molotovs y los niples. O con aquella larga noche en que tejiste, junto con Julia y Carola, las capuchas rojinegras con las que tomaríamos, con nuestras pocas armas y acompañados por los *doce del patíbulo*, los pasillos de la UCV para declararle una guerra total, absoluta, al segundo gobierno de Carlos Andrés Pérez.

Fue el 23 de Enero de 1989. Aquella declaración de guerra, en aquel momento, pareció a casi todos, en la Universidad, una locura de carajitos.

218

Y por supuesto que lo era. Pero aquel gesto se transformaría, a pesar de nosotros y de manera retroactiva, un mes después, en una extraña profecía de rebelión y muerte.

XXVII

Pasaron los días de las protestas por lo de El Amparo. Yo estuve guardado, con mi pierna izquierda jodida, en el apartamento de *Yoko* leyendo algunas cosas que ella había escrito sobre Eduardo Sifontes. Tú tuviste la idea de meter la subametralladora en esa casa y allí estuvo, todo ese tiempo, debajo de la cama donde yo dormía, por si se presentaba alguna oportunidad, a partir de las visitas filiales que recibía nuestra vecina del piso de arriba. Pero nada pasó y, al final, entre los celos de Carola, la tensión tremenda de *Yoko* y el tratamiento médico para mi pierna, terminamos por sacar el arma y llevarme a otro lugar. El "Palestino" no sería, por ahora, el ejecutor de otra misión suicida. Te cagabas de la risa imaginándome pegando brincos, en los pasillos del edificio, tratando de accionar la HK en el intento de darle su merecida ración de plomo al Comisario

1988 terminaba. Ya se escuchaban las gaitas, tan odiadas por ti, en todas las radios comerciales. Se acercaban, además, las elecciones presidenciales y veíamos, en la televisión y las calles, el espectáculo grotesco de Carlos Andrés Pérez prometiendo, como un payaso siniestro, el retorno de la Venezuela Saudita. Las noches y las madrugadas nos agarraban caminando por las calles de esa Caracas que, para nosotros, se dividía entre

La Vega y la UCV. Parecía imposible tener alguna esperanza en esas multitudes de rostros que veíamos vagar por avenidas y bulevares. Rostros embrutecidos por la explotación, el egoísmo y el miedo. O al menos nuestro ultraizquierdismo "aristocrático", como tú lo llamabas, nos impedía ver los signos del vasto incendio que estaba por llegar.

XXVIII

Comenzaba Febrero y el tiempo se aceleraba de una manera tan intensa, tan salvaje, que todo lo anterior se desvanecía, se alejaba de nuestro presente, como si se hubiesen condensado años o incluso décadas en el transcurrir de esos días. Tú seguías hablando de "situación prerrevolucionaria" donde quiera que podías: de madrugada en un rancho de Catia, en un salón, casi vacío, de un liceo por los lados de Petare, en un rincón de una cancha de básquetbol o entre los integrantes de algún grupo cultural del 23 de enero. Yo no estaba tan seguro de ese pronóstico y preferí dedicarme a organizar algo que terminamos llamando *Grupos de Resistencia Popular*, un nombre con el que pretendíamos fusionar a los *doce del patíbulo* con la Comunidad Cristiana de La Vega. De resto seguíamos tratando de descifrar los signos del presente. No había que ser muy agudo para registrar la mezcla de asombro y de arrechera con que la gente en las calles comentaba, pocos días antes del 27 de Febrero, dos eventos que terminaron por adquirir grotesca fama: la "coronación" de Carlos Andrés Pérez y la llamada *boda del siglo*.

Recuerdo que estábamos en la casa de Los Ruices con las muchachas cuando comenzaron a transmitir lo de Pérez por televisión. Vimos la ceremonia a retazos, subiendo o bajando el volumen, mientras leíamos algunos periódicos que habían traído Julia y Carola. Yo encontraba todo aquello insoportable pero terminé por cansarme de pedirles que apagaran aquel aparato arcaico, en blanco y negro. Tú te mostrabas abiertamente divertido, riendo a carcajadas en los momentos culminantes de la cuidada puesta en escena. El teatro Teresa Carreño repleto de jefes de Estado, de ministros, de ex ministros o de futuros ministros, embajadores, empresarios, en suma: las "fuerzas vivas", como el locutor oficial insistía en llamarlas. Tengo la certeza de que contemplando esa escena, te paseabas por todas las posibilidades de aguarles la fiesta. También recuerdo la risa de las muchachas ante los peinados de la viejas adecas sentadas en primera fila, unos esperpentos que resultaban perfectamente consistentes con la "cursilería ontológica" del megalómano recién electo. "Antológica también", completaba Carola sin dejar de sonreír. El clímax de aquella comedia fue el discurso de Carlos Andrés. Los pasajes en los que exhortaba al sacrificio, a la austeridad, se encontraban tan alejados de aquel escenario como lo estaría una plegaria de San Francisco de Asís pronunciada en el estudio de una película pornográfica.

XXIX

En contra de tus reiterados ruegos *Yoko* terminó por mudarse del apartamento de la avenida Nueva Granada hasta otro en Parque Central. Por entonces se había alejado un poco a causa de los celos de Julia y de Carola. Pero siempre tratábamos de ser fieles a nuestra "tertulia de los bancos de piedra" tal y como ella llamaba a esos encuentros, casi siempre fugaces, en Los Caobos, por los lados de la Fuente Venezuela de Maragall.

Las tertulias eran en las tardes, una media hora antes de que comenzara su trabajo en la Margot Benacerraf. A veces nos traía documentos de los *desobedientes*, le regresábamos algún libro o ella agregaba algún detalle irónico a la carpeta hemerográfica que seguía armando sobre el Comisario. En realidad esa carpeta se fue convirtiendo en una cosa desmesurada, una especie de historia, hecha de recortes de prensa, de los gobiernos de Luis Herrera y Lusinchi, más o menos a partir de la masacre de Cantaura.

Mientras la veíamos acercarse, diminuta, aparentemente frágil, con el suéter que era el uniforme de la sala de cine, invariablemente comenzabas a tararear *Imagine* de John Lennon y *Yoko*, también de manera invariable, nos saludaba viéndote con un falso desprecio: "¿Vas a seguir?".

Recuerdo la fecha exacta de un encuentro en particular. Fue cerca de las cinco de la tarde, el domingo 19 de Febrero de 1989. Lo recuerdo con tanta exactitud porque *Yoko* traía en la mano la portada de El Diario de Caracas de ese día. "Miren esta vaina, casi todo el país muriéndose de hambre en esta mierda y estos desgraciados como si vivieran en otra galaxia". El titular decía: "La boda del siglo":

"La crisis tiene sus excepciones. Una de las de mayor relieve fue la boda de la pareja Fernández Tinoco-Cisneros Fontanels, Gonzalo y Mariela, quienes contrajeron nupcias en la capilla de las Siervas del Santísimo, joya del neogótico en Caracas. De allí el cortejo partió en 20 autobuses de lujo y un Rolls Royce, en medio de un gran despliegue de seguridad, hasta el Alto Hatillo, donde un bufé rebosante de caviar, langosta y salmón fumée, acompañado por varios miles de botellas de champaña La Grand Dame, esperaba a unos 5.000 invitados. De estos unos 200 arribaron desde el extranjero, cada uno con pasaje en primera clase pagado desde Caracas, desde lugares como Italia, Tahití y los Estados Unidos..."

Al terminar de leer tú murmuraste algo sobre el Titanic como una sala de fiestas o algo parecido. "Ojala", susurró *Yoko* y el resto de su tiempo con nosotros se le fue hablando de dedicarse a hacer la crónica del futuro ajusticiamiento del Comisario. El libro sería un contrapunteo entre el relato minucioso de la operación y los recortes de prensa de todo el periodo que iba desde 1982 hasta 1989. Se levantó y se fue corriendo, casi sin despedirse, ya que estaba por comenzar la proyección de las cinco. Una semana más tarde la mató un policía de los que reprimían el *Caracazo*.

XXX

Ahora recuerdo la semana anterior al *Caracazo*. El 20 amanecimos en la casa de Los Ruices con la noticia, en los periódicos que acababa de traer Julia, del asesinato de Dennis Villasana, un estudiante de ingeniería de la UCV que había participado en las protestas del 87 y 88. El día anterior la policía había intentado detenerlo en el centro de Caracas y cuando se les escapó le pegaron un tiro por la espalda. Era el mejor estudiante de su Facultad y uno de los periódicos más importantes del país tituló: "El triste fin de un delincuente..." como comentario a una fotografía en la que aparecía tendido sobre la acera de una calle cualquiera.

Ya en la Universidad nos encontramos con que los distintos grupos políticos comenzaban a preparar una manifestación para esa misma tarde. La idea era trancar tanto la avenida Francisco de Miranda como Los Ilustres para denunciar el asesinato y su cínico encubrimiento. En aquel momento resultaba crucial enmarcar ese crimen como parte de la política represiva contra aquellos que se oponían al *Paquetazo* de CAP. Las distintas organizaciones de izquierda se encontraban en el auditorio de la Facultad de Ingeniería. Fue allí donde comenzamos a coordinar la autodefensa con los *desobedientes* y algunos amigos que eran representantes ante la Federación de Centros.

Nosotros, con los ya excesivamente célebres *doce del patíbulo*, decidimos situarnos en la salida de las Tres Gracias y en el otro arco que conduce al Hospital Universitario. Julia y Carola, en el indestructible Chevette rojo, hicieron un recorrido por toda la avenida Los Ilustres, verificando el dispositivo policial activado a partir de toda la agitación dentro de la UCV. Habría plomo.

La protesta arrancó a las doce en punto. Recuerdo que toda esa tarde nos movimos entre las Tres Gracias y la entrada del Clínico, cambiándonos las capuchas y las chaquetas. Alrededor de los ojos llevábamos un ungüento elaborado por *Yoko*, una mezcla de crema Nívea y Terramicina y que supuestamente contrarrestaba el efecto de todas esas bombas lacrimógenas que nos estaban lanzando.

Durante el primer intento de trancar Los Ilustres, mientras un grupo de estudiantes intentaba atravesar un camión secuestrado, comenzaron los escopetazos de perdigones, los disparos de francotiradores y cayeron los primeros heridos. Por último, luego de una lluvia de piedras, niples y molotovs que hizo retroceder a la policía hasta la iglesia San Pedro, se logró incendiar el camión para bloquear la avenida. También se atravesaron unos contenedores de basura, grandes y de hierro, cubriendo toda esa entrada de la Universidad. Desde esa barricada los manifestantes lanzaban niples, molotovs y cohetones contra la policía que había vuelto a desplegarse en la acera de enfrente. Fue allí que detectaste a un oficial que actuaba como francotirador, parapetado detrás de un pequeño muro, en esa acera que sube hacia San Pedro. El tipo usaba un arma corta de alta potencia, probablemente un mágnum 357.

Nos retiramos hacia los lados de Farmacia, Julia, Carola, tú y yo. Decidimos responderle al francotirador con nuestras dos pistolas nueve milímetros: el hombre estaría ubicado, como mucho, a unos cincuenta metros enfrente del camión incendiado y los contenedores. A esa distancia y con las dos armas podíamos neutralizarlo, evitando que tuviera, durante un buen rato, ángulo de tiro. Habría otros tiradores encubiertos pero era un riesgo que había que correr para evitar que éste en particular siguiera accionando. Como siempre: no podíamos matarlo porque eso sería la excusa perfecta para una vasta campaña de criminalización que destruiría cualquier posibilidad de recuperar la participación de los estudiantes en las protestas. "Pegarle cerquita, levantarle tierrita lo más cerca posible", como decías, era todo un arte, una habilidad que requería, antes que nada, tener la sangre fría de un artificiero. Acordamos que si el policía se asomaba detrás de su parapeto trataríamos de pegarle al muro. Las *Inoxidables* estaban en desacuerdo. Era demasiado arriesgado y en todo caso era preferible, según Julia, dejar que los policías quedasen expuestos como asesinos, si mataban a otro estudiante, antes que pretender dispararles para herirlos o amedrentarlos. Viste las caras largas de las muchachas y usaste, por primera vez, una expresión que repetirías varias veces durante las jornadas del *Caracazo*. Era una frase de una canción que seguía sonando en la radio: *Don't worry, be happy*. Y así, sin otro comentario, te fuiste hacia la entrada de la UCV silbando la melodía de Bobby McFerrin.

Comenzaba, de ese modo, otro de los tantos enfrentamientos insólitos en los que estuviste, Jaurena.

XXXI

Lo más probable es que el tipo detrás del muro haya sido parte de una treta. Quizá buscaban que algún encapuchado armado le respondiese y de ese modo facilitar que otro tirador, con un fusil y apostado en una de las azoteas cercanas, le diese. Eso lo conversamos, como si nada, mientras nos situábamos bajo el arco de la entrada. "Seamos locos pero no comamos mierda", dijiste señalando una caseta de teléfonos situada enfrente y de manera transversal al policía parapetado. Como estaba hecha de concreto, cubierta y situada bajo unos chaguaramos era un buen lugar para ubicarnos y contener al hijo de puta.

Esperamos el siguiente intento de los manifestantes de tomar Los Ilustres. Vimos al tirador asomarse y disparar. Cayó, herido en una pierna, uno de los estudiantes. Creí advertir una pausa expectante del lado de los policías mientras los nuestros recogían al herido. Tú escudriñabas las azoteas más cercanas tratando de detectar otros tiradores. Nos lanzaron otra andanada de perdigones y bombas lacrimógenas y tuvimos que correr hacia el Clínico. Esa grotesca coreografía se repitió, sin variantes, una y otra vez, en las siguientes dos horas. Siguieron cayendo heridos nuestros y en una de esas, saliéndote por completo de lo acordado, corriste para colocarte detrás de uno de los contenedores, uno que estaba al lado del camión todavía humeante. Me fui detrás de ti gritándote cualquier vaina para pararte. Creo que te escuché, aunque no estoy seguro, repetir el *Don't worry be happy* antes de que pegaras esa carrera.

Lo que vino después fue una secuencia que registró un fotógrafo de la revista Elite. Una de esas fotos apareció, en primera plana de todos los periódicos, al día siguiente: un encapuchado congelado en la acción de lanzar una bomba molotov y yo disparando hacia el muro del oficial de la P.M. Tú te encuentras al lado mío, mirando hacia los techos pero como estamos encapuchados y de espaldas al fotógrafo eso no se puede apreciar en la imagen. La acción desde esa posición continuó por unos minutos. Cuando me quedé sin municiones, te colocaste en mi lugar y comenzaste a disparar pero me pareció evidente que querías matar al policía. De repente el oficial comenzó a retroceder, rampando nerviosamente, intentando llegar a otro muro más alto, a unos veinte metros detrás de él. Sin muchas esperanzas te grité: "Dale en una pata…" y menos mal que muy poco después te quedaste también sin balas. Pero ahora nos tocaba a nosotros salir de allí como pudiéramos.

Todo eso tiene que haber durado, cuando mucho, unos cinco minutos. No recuerdo que fue del encapuchado que sale al lado de nosotros en la foto. Lo que sí recuerdo fue que te grité antes de correr hacia el Clínico: "Y deja ya de joder con la cancioncita esa de mierda".

Cuando finalmente se dispersó una enorme nube de gas, volvimos a bajar hasta el arco donde estaba concentrado un grupo grande de manifestantes. Veníamos del estacionamiento de la Biblioteca Central donde las muchachas nos ayudaron a cambiarnos las capuchas y las chaquetas. Como ya no teníamos municiones ellas guardaron las armas. "Por fin te quitaste la mierda esa que te dio Carola", algo así me dijiste, muerto de risa. Y es que las capuchas no eran otra cosa que franelas que nos poníamos en la cabeza amarrando, por detrás, las mangas. Y tú te habías estado burlando de una franela con una imagen de Hello Kitty que yo llevaba mientras le disparábamos al oficial de la P.M.

No me sorprendió cuando al rato vimos pasar a un encapuchado que llevaba esa misma franela. Seguramente las muchachas la habían botado y el tipo la había recogido para ponérsela. Pero tú comenzaste a inquietarte cuando viste que el hombre se iba hacia adelante para lanzar algunas piedras, ubicándose muy cerca del camión quemado y de los contenedores. Te lanzaste a correr hacia allá y avanzaste unos metros pero yo no alcancé ni a moverme porque enseguida sonaron varios disparos. Te vi tirarte al piso y retroceder rampando. Vi, también, como otros tres estudiantes traían arrastrado, con un tiro en la frente, al que se había puesto la franela de Hello Kitty.

XXXII

El día siguiente lo pasé en la casa de Los Ruices. El manifestante muerto era Carlos Yépez, un empleado de la UCV. Las autoridades universitarias habían declarado duelo en el recinto y se haría su velorio en el Aula Magna. Se preparaba para el miércoles otra manifestación con la idea de mantener las protestas de cara al aumento del pasaje del transporte, decretado por el gobierno y anunciado para el lunes 27 de Febrero.

Ese día, como tantos otros, lo pasé ante la vieja máquina Olivetti, escribiendo un panfleto sobre la represión policial y pasando en limpio mis notas para un trabajo de la Escuela de Letras. De nuevo, como tantas veces, volví a escuchar los gritos, las quejas, del tipo que vivía alquilado en el anexo de al lado. Resulta que el hombre era vigilante privado por las noches y dormía durante el día. Los insultos más bonitos, gritados del otro lado de la pequeña pared que separaba los dos espacios, eran algo así como: "Yo sé en qué andas tú, ñangara del coño, comunista maldito...deja de joder...tu familia está en contra de toda esa vaina, loco de mierda...". Otra vez me reía a carcajadas, prendía un cigarrillo y seguía dándole duro a la máquina.

234

Esa tarde, según creo recordar, salí para hacer un contacto contigo y las muchachas en *La Plácete*, una panadería que quedaba en la parte alta de La Castellana, subiendo por Plaza Francia, cerca de la Casa de Rómulo Gallegos. No recuerdo exactamente qué era lo que íbamos a tratar. Creo que era el traslado de todas las armas y nuestro escaso parque de la casa de Julia, en el Cafetal, hasta el apartamento que le había prestado a Carolina una amiga de la UCV que se había ido a estudiar a Francia. El apartamento quedaba en el Paraíso, relativamente cerca de la Universidad Santa María pero bordeando la autopista Francisco Fajardo. Un dato importante: el dueño del apartamento era un coronel que era amante de la amiga de Carola y que estaba de agregado militar en París. Esto, paradójicamente, convertía ese lugar en una concha perfecta.

Lo cierto es que después de acordar todo eso, regresé a Los Ruices para seguir trabajando pero me encontré con que no estaba la máquina de escribir. No habían forzado la puerta de la casa, así que era muy fácil inferir quién era el responsable del robo. Salté el muro y me encontré con que la puerta trasera del anexo estaba cerrada con llave. Toqué con todas mis fuerzas, grité, le menté la madre al vecino pero nada. Fui a la puerta principal del anexo, una entrada independiente, pero tampoco obtuve respuesta. Llamé a mi abuela, dueña de la casa y me dijo que el tipo, el hijo de su amiga, no hacía otra cosa que quejarse del ruido de la máquina y de las reuniones "raras" que yo organizaba con frecuencia. Tranqué el teléfono y decidí irme al apartamento en el Paraíso y pedirle de paso una maquina prestada a Carolina.

Cuento todo esto porque en los días posteriores al *Caracazo*, después del decreto de Estado de Excepción, la casa de Los Ruices fue allanada por una comisión de la DISIP. Seguramente a alguno de los *doce del patíbulo* se le aflojó la lengua en esos días de persecuciones, detenciones y torturas. En todo caso nos enteramos de ese allanamiento cuando llamé a casa de mis padres, ya bien entrado marzo. Todo ese tiempo habíamos estado entre La Vega y el apartamento nuevo del Paraíso. Lo cierto es que ocurrió algo que fue motivo de risas y chistes para ti durante todo el tiempo por venir. La policía política allanó la casa en la madrugada del 1 marzo y, por supuesto, tomó el anexo donde estaba el vecino que me había robado la Olivetti. Como ya dije el pobre hombre era vigilante y guardaba en su cuarto, aparte de esa máquina utilizada en montones de panfletos subversivos, un revólver 38, algunas balas y una chaqueta verde olivo que era un recuerdo de la época en que había prestado servicio militar. A partir de su detención se inició para él un largo calvario que incluyó encierros en aislamiento, toda clase de golpes y la extracción de las uñas de una de sus manos mientras lo interrogaban por cosas de las que era absolutamente inocente.

XXXIII

Siempre se habla de estallido para describir el *Caracazo* y ciertamente lo fue. Pero el inicio de esa explosión, para nosotros, fue de acción retardada o en cámara lenta. Porque aunque llegamos a la UCV muy temprano, ese 27, lo que hicimos fue estar a la expectativa, escuchando rumores que iban llegando de manifestaciones en Guarenas y en el terminal del Nuevo Circo de Caracas. Acompañamos a un grupo grande de liceístas que apareció, de la nada, para trancar las entradas de la universidad. Al mismo tiempo algunos dirigentes estudiantiles llamaban a salir a protestar al centro de la ciudad. Nosotros, conservadoramente, decidimos esperar en lugar de sumarnos a eso. Al lado de *los doce* y de los carajitos del liceo, lanzamos algunas piedras y molotovs a los pocos policías que vimos por los alrededores de las Tres Gracias y Plaza Venezuela. Los agentes del orden se mostraban curiosamente pasivos.

Las muchachas se habían quedado, la noche anterior, en casa de Carola y la mamá de ésta, ante los muertos de la semana anterior, no las dejaba salir. Incluso creo que llegó al extremo de tirar las llaves del apartamento por el balcón.

Yoko, por su parte, estaba reunida con los *desobedientes*. Estos estaban de acuerdo con irse al centro, al Nuevo Circo, a agitar y a tratar de darle alguna direccionalidad a lo que estaba pasando. Nosotros estábamos sentados en la grama, por los lados de Trabajo Social, cuando vimos pasar a Yulimar junto al Catire, mi amigo del liceo en Margarita. Creo que era mediodía pero no estoy seguro. Nos saludó antes de irse al Nuevo Circo: "Dejen la flojera y vénganse… ¿o es que ustedes dos y sus mujercitas son la vanguardia iluminada por encima de todos los mortales?" Nos reímos y le dijimos adiós.

Al terminar la tarde salimos con los liceístas por Plaza Venezuela, tanteando el terreno. Lo que encontramos parecía parte de una emboscada pero no lo era: la policía se había retirado por completo. Incluso el tránsito se había detenido y no circulaban vehículos por la Francisco Fajardo. Estuvimos un rato por los alrededores de la plaza, a cara descubierta, viendo a algunos transeúntes corriendo de un lado para otro. Tú y tres o cuatro más se aventuraron hasta la Previsora y comprobaron que las estaciones del metro estaban cerradas. Ya era de noche cuando volvimos a la UCV y decidimos que me iría, como pudiera, hasta el apartamento por la cota 905, mientras tú tratarías de llamar a las muchachas y verte con ellas por los lados de la Castellana, para proponerles que se escaparan con el chevette rojo. En todo caso, con ellas o sin ellas, quedamos en vernos, a primera hora del 28, en la plaza cubierta de la UCV.

XXXIV

Me fui caminando por el paseo Los Ilustres hasta llegar a la Avenida Victoria. Aparentemente no pasaba nada y había una gran tranca de vehículos. Logré conseguir un teléfono público y llamé, sin resultado, a la casa de Iván, uno de los de la Comunidad Cristiana de La Vega. No sé cuántas veces marqué ese número hasta que finalmente logré dejarle un mensaje con una de sus hermanas. La idea era que nos viéramos entre las 9 y las 10 de esa misma noche en la plaza Madariaga del Paraíso, en los bancos frente a la Santa María. Seguí caminando en dirección al Helicoide, hacia la cota 905, donde conseguí un taxista que por un pago exorbitante me llevó hasta el apartamento. Fue ese taxista quien me dijo que la policía había matado a una estudiante en Parque Central. No tenía mayores detalles ni me pasó por la cabeza que *Yoko* había sido la primera víctima mortal de la represión del *Caracazo*.

Llegué al apartamento y allí me puse a chequear que todo estuviese en orden. Mecánicamente, sin pensar demasiado, revisé las pistolas, la subametralladora, conté la cantidad de municiones que teníamos, saqué y metí las dos granadas dentro de un par de estuches acolchados que tú habías encontrado quién sabe dónde. En la radio y la televisión se hablaba de algunos focos aislados de protestas. Esperé la hora convenida y bajé a la plaza donde esperé a Iván hasta que apareció. Concluimos que estábamos ante el inicio de un gran levantamiento popular pero sin dirección ni objetivos estratégicos. Hasta ahora la capacidad de represión de la policía había sido desbordada por completo. Luego me reiteró lo dicho por el taxista: que aunque había una enorme cantidad de heridos hasta ahora la única muerta era una estudiante. Finalmente acordamos que, al día siguiente, tras retomar el contacto contigo y las muchachas, nos iríamos los cuatro a La Vega para apoyar en lo que pudiéramos.

XXXV

Recuerdo tu cara cuando finalmente nos encontramos. Fue a las 7 de la mañana del 28, por los lados del rectorado. Me vine como parrillero en la moto de un amigo de Iván. En un morral pequeño llevaba las dos pistolas y las granadas. Me sorprendió la atmósfera de fiesta cuando atravesábamos la Cota 905. "Es lo mismo en La Vega" me dijo el amigo que me llevaba.

"Mataron a *Yoko*" me dijiste al vernos. Un golpe brutal de irrealidad, un martillazo de incredulidad. Fue como si una fuerza inhumana, de repente, me hubiese arrojado a otro planeta, encerrándome dentro de una celda de hielo, ajena al movimiento y a la vida. No sé cuánto tiempo nos quedamos sin decir nada y ajenos a todo, hasta que nos sentamos en el piso, por donde está el mural de Léger. Allí traté de perderme viendo las piezas amarillas, azules y rojas del mosaico. Comenzaste a contarme lo que te había dicho uno de los *desobedientes*, el *Francés*, cuando lo viste, poco antes y por casualidad, en los alrededores de la Federación de Centros.

Yoko había estado con ellos en el terminal del Nuevo Circo, gritando consignas contra la represión y el aumento del pasaje. Muchas veces la muchedumbre de manifestantes fue atacada con

241

disparos de perdigones y bombas lacrimógenas. En una de esas embestidas policiales, *Yoko* y el Catire corrieron, junto con gran parte de la gente, hacia los edificios de Parque Central. Desde allí ella siguió arengando, mitineando desde las jardineras frente al Tajamar, señalando e insultando a los policías que reprimían. Incluso dio unas declaraciones a un canal de televisión denunciando el Paquetazo. Fue poco después de esas declaraciones que un policía le disparó, casi a quemarropa, con una escopeta de perdigones. *Yoko* era una mujer pequeña, físicamente muy frágil. Los proyectiles la hirieron profundamente en el cuello y se desangró mientras el Catire, desesperado, trataba de llevarla al Clínico de la UCV. Como epílogo agregaste: "Deberíamos agarrar al primer policía que encontremos y quebrarlo".

Hubo un largo silencio. Yo me sentía como un boxeador que busca, desesperadamente, cómo sacarse un golpe. Luego comentaste que las muchachas no habían podido escaparse. Por eso le pediste asilo a Vero, en ese apartamento donde celebramos tu último cumpleaños. Desde allí, al amanecer, te viniste caminando a la UCV. No había transporte público.

Seguíamos allí sentados cuando se nos unió uno de los *doce del patíbulo*, el *Gocho*, uno que siempre y en todo lugar asumía las posturas más radicales. Venía de la morgue del Clínico donde todavía estaba el cuerpo de Yulimar. Nervioso nos dijo que era evidente el despliegue de policías de civil en los alrededores del Hospital Universitario. Seguramente detendrían a los que se acercaran para solidarizarse con los compañeros de *Yoko*. Probablemente el gobierno allanaría la Universidad. También había oído, entre empleados del rectorado, rumores sobre una posible suspensión de garantías y toque de queda en todo el territorio nacional. De repente, como si acabara de despertar, te dije: "Nos vamos a La Vega...busquemos un carro".

XXXVI

Mucho tiempo después de la muerte de Yulimar, durante unas vacaciones en casa de mis padres, encontré una caja con algunos de sus libros. Era un remanente de una de las tantas mudanzas a la carrera tan propias de esa época. Entre los papeles no había nada políticamente significativo y casi todos los libros eran de poesía: Catulo, Cavafys, Pound y Juarroz, todos subrayados o comentados de su propia mano en los márgenes. Recorriendo aquellas páginas encontré un texto de Ramos Sucre que trata un hecho de armas de la guerra de independencia. El poeta se detiene ante la nobleza de los oficiales muertos en combate y de cómo el Libertador había logrado conjugar todas aquellas personalidades dentro del vasto incendio de la guerra de liberación. De la mano de nuestra *Yoko* encontré el pasaje final resaltado: "Con el mismo objeto de ahuyentar la noche, combina el sagaz campesino las virtudes diferentes de los árboles, al desgajar sus ramas para una sola antorcha".

XXXVII

A cara descubierta y a punta de pistola nos lleva-
mos un carro en el estacionamiento de arquitectura. El dueño era un estudiante al que le dijimos
que se lo íbamos a devolver muy pronto dentro
del área de la UCV. Una promesa que cumpli-
mos, con la ayuda de las muchachas, a mediados de marzo. El *Gocho* se vino con nosotros e iba
manejando. De nuevo tomamos por los Ilustres
hacia la Avenida Victoria mientras el hombre,
hijo de un profesor de sociología, no paraba de
hablar. Otra vez el discurso incendiario sobre la
lucha armada que siempre repetía, sin variantes.

Al llegar al elevado de la Nueva Granada, antes
de cruzar hacia la 905, le pediste al *Gocho* que parara el carro. Nos quedamos los tres esperando.
Se escuchaba como un trueno muy distante. Al
principio todo parecía volver al más absoluto silencio, un silencio ominoso de esos que sólo parecen existir en viejas películas hollywoodenses
sobre el fin del mundo. Luego un vasto rumor
acercándose y que parecía brotar de catedrales
desde hace mucho sumergidas. Fue entonces
cuando empezamos a distinguir las voces de una
multitud que venía, desde el centro, hacia el Helicoide cantando el himno nacional.

Atravesamos toda la Cota 905 viendo siempre a una enorme masa humana llevando consigo alimentos, televisores, muebles, prácticamente cualquier cosa saqueada de los centros comerciales cercanos. Finalmente llegamos a La Vega donde nos encontramos con otra muchedumbre saqueando el supermercado ubicado frente a la plaza La India. Subimos hasta la escuela "Amanda Schnell" para dejar el carro y bajamos a pie hasta la entrada del barrio. Inmediatamente vimos que la Guardia Nacional y la DISIP se estaban desplegando justo enfrente de la multitud. Era evidente que se preparaban para reprimir. Fue allí cuando el *Gocho*, el más radical de los marxistas, el más duro de todos los ultrosos, me miró con esa cara pálida, los ojos vidriosos y me dio las llaves del carro. "Lo siento panas pero esto es demasiado..." y salió corriendo hacia la parte alta del barrio. Yo no sabía si ponerme a reír o a llorar. Tú le echaste una maldición, gritándole que lo fusilaríamos cuando todo esto acabara. Allí mismo solté la carcajada y me miraste con un infinito desprecio apenas agregué: "Camarada solamente usted se cree que esto es el núcleo de una guerrilla urbana..."

Así fue como, de golpe, nos encontramos, con aquellas dos pistolas, del lado de toda esa masa humana, una multitud que pareció quedar congelada, totalmente inerme, en el vórtice de un vendaval de plomo que la Guardia Nacional y uno que otro DISIP comenzaron a descargar con calculada brutalidad. Curiosamente no recuerdo sonido alguno. No recuerdo gritos o ráfagas de disparos. Es como si el demonio de la memoria, sobrepasado por todo aquello, se hubiese concentrado, sin consultármelo, en registrar secuencias de imágenes, colores y gestos. Es por ello que jamás olvidaré el rostro desencajado de una mujer embarazada que cayó muy cerca de nosotros con un tiro en el vientre. El cuerpo, casi partido en dos, de un niño que llevaba algo de comida enlatada y que se regó sobre el asfalto. Tu propio rostro Jaurena (luego me di cuenta que pasaba lo mismo con el mío) cubierto de sangre por las esquirlas de las balas de fusil que llovían sobre un parapeto que encontramos, un pequeño muro, demasiado pequeño, en la esquina de una de esas aceras propias de la arquitectura irregular de los barrios. Muy pronto nos quedamos sin balas. Accionar nuestras armas en aquel trance no había sido solamente suicida sino totalmente inútil. Entonces te escuché maldecir el instante en que decidimos dejar la subametralladora guardada. Fue allí, cuando la Guardia comenzó a avanzar, siempre disparando, como intentando una maniobra de pinza, envolvente, contra la gente que corría hacia la parte alta del barrio, fue ese el momento en que decidiste tirar una de las dos granadas contra la vanguardia de los militares. Automáticamente nos lanzamos contra el suelo, apoyándonos sobre los antebrazos, esperando un estallido que no se produjo. Y ahora es como si se hubiese abierto, en una milésima de segundo, una brecha en el vasto silencio en el que se encuentran guardadas todas esas imágenes en mi cabeza, para permitirme escuchar la granada rebotando, sordamente, contra el pavimento, rodando morosamente, sin apurarse. Te asomaste. Luego me contaste que viste a los guardias retroceder despavoridos. De manera automática salimos corriendo hacia arriba, hacia el bulevar, aprovechando la confusión del enemigo. Apenas habíamos comenzado a correr cuando se reinició el vendaval de plomo. Fue una carrera desesperada, sin aliento, sin detenernos hasta que alcanzamos una barricada hecha de carros quemados y contenedores de hierro, casi llegando a la entrada de la fábrica de cementos.

XXXVIII

A veces una muchedumbre cruza cierto umbral y se convierte en algo innumerable. No puede ser contada aunque una computadora establezca el número exacto de sus integrantes. Su potencia ya no es cuestión de aritmética. Tampoco su temporalidad es un asunto que resuelvan calendarios o relojes. Es como si esa muchedumbre fuese atravesada por fuerzas innombrables. Por miles de otras muchedumbres fantasmales o virtuales que se suman a la potencia de todos los cuerpos concretos que se encuentran tomando las calles. Puedes llamar a ese tipo de multitudes como quieras, ponerles nombres genéricos como: "sujeto de la historia", "actualización de la memoria colectiva", "deseo social", "máquinas de guerra", etc. El nombre que quieras. Pero lo que importa es otra cosa, al menos en lo que se refiere a la muchedumbre que irrumpió durante el *Caracazo*: el encuentro milagroso entre lo que fue y lo que puede ser en un punto donde se produce la afirmación más radical de la igualdad.

XXXIX

Carlos Andrés Pérez había decretado la suspensión de garantías y el toque de queda. A pesar de eso la GN y la DISIP se limitaban a tomar el control de la entrada del barrio. Estábamos todavía por los lados de la entrada a *Cementos La Vega* cuando escuchamos a un grupo de gente comentando el decreto. Una de las cosas que terminó por convertirse en un gran chiste fue el desmayo, en vivo y directo, delante de las cámaras de televisión del Ministro de Interior cuando trataba de leer el decreto de Estado de Excepción. Seguimos bajando hacia la casa de Iván, cerca del bulevar, cuando vimos a un pequeño grupo de malandros que descansaban de cargar enormes piezas de res de la carnicería del supermercado saqueado. Te morías de la risa cada vez que recordabas el diálogo que escuchamos mientras pasábamos a lado de ellos, palabras más, palabras menos, alguien le explicaba, con toda la seriedad del caso, a los otros: "Pana, el gobierno suspendió las garantías…así que nadie tiene garantizado un carajo. Por ejemplo si usted, mi pana, le pega un tiro a un policía y lo mata no pasa un coño, porque están suspendidas las garantías…"

XL

En realidad se iniciaba una vasta operación de castigo contra todo un pueblo. Grandes contingentes de tropas se estaban concentrando en los sitios estratégicos de Caracas. Un impresionante despliegue de tanques y tanquetas. De ese modo se produjo la gran matanza, entre el 28 y el 4 o 5 de marzo, combinada con allanamientos y detenciones de estudiantes y líderes de izquierda, entre los que se contaban algunos de los *desobedientes* que habían estado junto a *Yoko* en la morgue. Estos fueron torturados durante varias semanas, acusados de rebelión militar, de haber planificado las manifestaciones del 27, lo cual era, desde todo punto de vista, grotesco.

Ya para el 2 de marzo la gente había abandonado las calles. Estas se encontraban bajo el control combinado de las fuerzas armadas y de la policía. Durante todas esas noches, desde un rancho vacío a donde nos llevó Iván, situado muy cerca de la *Amanda Schell*, escuchamos las continuas ráfagas de disparos de las tanquetas que avanzaban por las principales vías del barrio. Hubo gente que resultó herida o asesinada dentro de sus casas. El mensaje del Estado era muy claro: "Esto es lo que pasa cuando a ustedes se les ocurre rebelarse".

Una amiga de la Comunidad Cristiana nos llevó, durante la primera noche de nuestro claustro, una gran caja, sin abrir, con novelas policiales y de ciencia ficción. También algunas botellas de agua y un saco lleno de dulces y chocolates. No había nada más para comer. Así pasamos tres días, prácticamente sin hacer nada, con Iván dándole una vuelta, de vez en cuando, al carro que teníamos parqueado cerca de su casa y llamando, desde un teléfono público, para decirle a Julia o a Carola que estábamos bien, cuidando siempre de no mencionar nuestros nombres ni seudónimos. Ellas lograron vencer la resistencia de la mamá de Carola hacia el 5 o 6 de marzo y con la ayuda de alguna amiga se fueron hasta el apartamento del Paraíso. Por nuestra parte nos tocaba esperar la primera oportunidad que se ofreciese para salir del barrio sin exponernos a la gran alcabala que controlaba La India.

Entonces sucedió que después de tres días de comer solamente chocolates me dio una diarrea espantosa. Tú te burlabas, una y otra vez, hasta que te ofrecí unos carajazos: "Ay vale, tú como que estás cagado…"

XLI

Cuando al fin se redujo, a su mínima expresión, la alcabala en la entrada del barrio, nos decidimos a salir en el carro, la mañana del 11 o 12 de marzo. La amiga de Iván iba manejando, con gran serenidad pero sin decir una palabra en todo el trayecto. Finalmente estacionó el vehículo, relativamente cerca de donde estaba el apartamento, y nos dejó sin mayor ceremonia. Una vez en el apartamento nos pusimos al día con las muchachas, nos enteramos, con mayor detalle, de las detenciones y torturas padecidas por los *desobedientes* y de muchas otras historias que al juntarse, como piezas de un vasto rompecabezas, mostraban la enorme matanza que el gobierno de Pérez había perpetrado.

También allí, en ese apartamento, retomamos una discusión que Iván nos había llevado hasta el rancho de La Vega. La gente de la Comunidad Cristiana había hecho, con las limitaciones del caso, una consulta interna de la cual habían salido varias resoluciones: 1) Se reconoció la necesidad de formalizar, de una vez por todas, una estructura político-militar que, por ahora, llevaría el nombre, deliberadamente ambiguo, de *Coordinadora*. 2) Se decidió compartimentar el trabajo de la nueva organización y se me designaba responsable de la parte militar, con el mandato explícito de "controlarte", Jaurena. Esto también implicaba poner distancia con los *doce del patíbulo* sin romper del todo los nexos con aquellos que habían mostrado mayor conciencia política y algo de disciplina. 3) Se planteaba la necesidad de profundizar las vinculaciones existentes con los afines, de manera particular con los *desobedientes* y alguna gente del 23 de enero. 4) Se suspendía, hasta nuevo aviso, toda forma de operación militar. Desde las acciones de recuperación de armamento, pasando por la participación nuestra en la autodefensa de las manifestaciones que se produjesen en el futuro inmediato. Aunque la gente de la Comunidad Cristiana no conocía los detalles más importantes, estaba al tanto de que estábamos planificando una operación "grande", es decir, el ajusticiamiento del Comisario. Todo eso quedaba suspendido, también, hasta nuevo aviso.

Tú no tenías objeción alguna a la idea de crear una organización compartimentada, todo lo contrario. Tampoco, de manera muy generosa, te oponías a que fuese yo el responsable del núcleo militar al que se iban a incorporar, además, nuevos miembros provenientes de la Comunidad Cristiana. El centro de tu rechazo a la propuesta de los de La Vega era la suspensión de toda forma de accionar militar. Especialmente la operación contra el Comisario. "Eso tiene más sentido que nunca, hay que responder a esta masacre de manera contundente".

Se iniciaba de ese modo una terca resistencia tuya a acatar lo acordado por mayoría. Es a partir de allí, es decir de la segunda semana de marzo, que se inicia un periodo en el que nos fuimos distanciando hasta llegar casi a la ruptura unas horas antes de que te mataran. No tengo manera de comprobarlo pero estoy casi seguro de que escogiste a algunos de los *doce del patíbulo* para exponerles el plan de la operación contra el Comisario apenas percibiste que estabas completamente aislado dentro de la *Coordinadora*. Seguramente pensaste que podías montar tienda aparte y demostrarnos que esa operación no solamente era factible sino necesaria, en medio de una coyuntura tan difícil. Julia, alarmada, nos contó que además estabas participando con *los doce* en un plan para generar protestas en los liceos del oeste. Seguías reuniéndote con todos los que querían escucharte hablar de la "situación prerrevolucionaria" en Venezuela. Finalmente nos enteramos, a través de alguna gente del 23, que muy pronto habría una manifestación en Catia. Preocupado te cité, a través de Julia, para vernos en la noche del lunes 3 de abril, en el McDonald's de La Castellana. También las *Inoxidables* nos acompañarían en la que sería nuestra última reunión.

XLII

Te esperábamos, a las ocho de la noche, en ese McDonald's repleto de familias de la clase media caraqueña, mientras Julia, Carola y yo hablábamos de tu infinita terquedad. Apareciste con cara de amargura y sin mucho preámbulo planteaste que querías *abrirte* o *pedir la baja* usando la jerga militar por la que siempre hemos sentido predilección los ultrosos. Expusiste tus razones. Calculé que era una manera de presionarme, de obligarme a plantear a la *Coordinadora* que revisara lo acordado sobre el accionar armado. Respondí que no faltaba más, que estaba de acuerdo con que te fueras. Todos nos quedamos callados. Luego te reíste y soltaste alguna ironía pesada sobre mi carácter de *responsable militar*. No te hice caso. Finalmente planteaste que necesitabas ya mismo, para esa noche, lo que tú pensabas que te correspondía del armamento. "Dame las dos pistolas y la mitad de las municiones y te quedas con el revólver y la ametralladora. O al revés. Como prefieras. Pero dividamos toda esa vaina ahora...". Respondí que tendría que consultarlo, que había una dirección política y fue en ese momento cuando me mentaste la madre y te paraste de la mesa.

Julia y Carola se fueron corriendo detrás de ti, intentando calmarte. Yo salí del local sin apurarme demasiado. Los seguí, a ustedes tres, desde

cierta distancia, mientras iban hablando y gesti-
culando hacia el Centro Plaza. Llegué, siempre
detrás de ustedes, al café Margana que estaba en
el sótano del centro comercial. Me senté, como si
nada hubiera pasado, en la misma mesa donde
ya les estaban sirviendo un café. Recuerdo que
dijiste algo así como que yo estaba repitiendo
las prácticas del partido. Te contesté, siempre
con toda frialdad, que te daría las dos pistolas
y el resto al día siguiente por la noche. A partir
de ese momento nos quedamos en silencio los
cuatro. Seguías furioso conmigo pero no querías
demostrarlo. Ya eran casi las diez de la noche
cuando te levantaste murmurando "…hasta mañana entonces…". Besaste a las muchachas pero
mi mano quedó extendida, en el aire, sin que la
estrecharas y empezamos a ver cómo te alejabas.

XLIII

Me tomó algo de tiempo reconstruir, hasta donde fue posible, lo que ocurrió después de esa despedida. Carola se fue donde su mamá, muy cerca del Centro Plaza. Julia tomó el metrobus hasta su casa. Por mi parte agarré un taxi hasta el apartamento del Paraíso: tenía que verme temprano, al día siguiente, con Iván por Plaza Madariaga. En ese momento no podía imaginarme que Julia había roto la compartimentación y te había hablado, antes de nuestro último encuentro, del traslado hecho, entre ella y yo, de las armas desde el apartamento hasta su casa en El Cafetal. Cuando llegó esa noche te encontró sentado en la acera, esperándola. Y tanto insististe que al final te dio una de las dos pistolas con dos cargadores.

Amaneció el 4 de abril de 1989 y luego de verme con Iván me fui hasta la UCV. Estuve leyendo toda la mañana en la Biblioteca Central y cuando salí, cerca del mediodía, vi que se estaba gestando otra manifestación. "Mataron a un estudiante en Catia" escuché y enseguida supe que estabas muerto. Angustiado busqué un teléfono público que funcionara y llamé a Carola para que buscara a Julia y se vinieran juntas para la Universidad. También le dejé un mensaje a Iván para que se acercara hasta la plaza del Rectorado. Traté, sin éxito, de encontrar, a alguno de los *doce del patíbulo* para ver si podía conseguir más información. Terminé por cansarme y me fui hasta la Federación de Centros. Era cerca de la una de la tarde y ya estaba allí un grupo de estudiantes de la USB. Uno de ellos me confirmó que te habían matado. Y fue en ese instante que pude comprobar que hay golpes en la vida tan fuertes que parecen venir del odio de un dios.

Apenas llegó, Iván, sin pérdida de tiempo, organizó todo lo que había que hacer. Había que sacarnos, por separado, a las muchachas y a mí, de la UCV y llevarnos, preventivamente, hasta algún lugar seguro. Carola no hacía otra cosa que consolar a Julia. El golpe me había paralizado por completo e Iván, junto con el resto de la gente de La Vega, se hizo cargo de todo.

Durante las semanas siguientes, mientras me encontraba en *cuarentena*, Iván me ayudó a establecer lo que te había pasado con cierta precisión: junto a los *doce del patíbulo* habías organizado una manifestación en el liceo Andrés Eloy Blanco de Catia. Seguía vigente la suspensión de garantías y por esa razón quisiste llevarte el arma para dar algo de protección a los muchachos que intentarían trancar la avenida El Cuartel.

Se produjo, como era inevitable, un enfrentamiento con la policía. Llegaron al lugar varias unidades de la brigada antimotines. Comenzaron los disparos contra los estudiantes y allí respondiste hiriendo a uno de los policías. Vino, después de eso, un ataque aún más violento contra los liceístas. Todos los manifestantes comenzaron a correr hacia la parte alta del barrio, tú entre los últimos. Al llegar a cierto punto había que saltar una zanja que era parte de una obra pública inconclusa. Una muchacha se cayó y te devolviste para ayudarla pero resbalaste hasta el fondo de la cuneta. Así fue cómo te capturaron con el arma al cinto, con todos los proyectiles percutados.

Inmediatamente, entre cinco o seis policías, comenzaron a golpearte salvajemente. Te esposaron y te llevaron hasta una "jaula", uno de esos camiones con celda que solía utilizar la P.M para enfrentar disturbios. Tras encerrarte, volvieron con los golpes, el mismo grupo de cinco o seis. De repente uno de ellos (luego sabríamos cuál) sacó su arma de reglamento la puso en tu costado derecho y disparó. Sobre el suelo de esa "jaula" esos animales dejaron que te desangraras.

XLIV

En los meses siguientes a tu muerte, Julia, Carola y yo vivimos inmersos dentro de una espesa niebla. Escondidos por separado, evitando los lugares que anteriormente frecuentábamos, moviéndonos de una casa a otra, sin vernos ni comunicarnos sino a través de intermediarios, utilizando toda la magra logística de nuestra incipiente organización y la ayuda que podían brindarnos unos pocos amigos.

No sabíamos hasta dónde llegaba la información obtenida por los cuerpos de seguridad del Estado. Pero era muy significativo que mencionaran el nombre de nuestro proyecto, a través de uno de los periódicos que recogió la noticia de tu muerte. Esa denominación era, en principio, secreta, sólo para consumo interno hasta que se tomara la decisión de construir un referente público. Revisando todas las posibilidades de infiltración, el núcleo más importante de la organización, aquel que tenía una auténtica inserción social, la gente de La Vega, decidió que cortáramos, definitivamente, todos nuestros vínculos con los *doce del patíbulo* y así lo hicimos.

Las muchachas y yo duramos unos tres meses lejos de todo. Poco a poco, de manera gradual, ellas se fueron reincorporando a su entorno natural. Después me tocó hacerlo, retomando las clases en Letras y manteniendo contactos esporádicos con los de La Vega. Como no pudimos ni siquiera ir a tu velorio cada cual hizo su duelo como pudo, completamente solo, aislado, sin nadie con quien conversar durante mucho tiempo. Cuando finalmente nos reencontramos, las *Inoxidables* y yo, en Margarita, a finales de ese 1989, buscamos un rincón al lado del mar para sentarnos a evocarte. Fue en una ranchería de pescadores, en una orilla de la hermosa desolación de Macanao. Un lugar perfecto para que un pequeño grupo que sueña se disuelva en la pureza absoluta del aire.

Los dueños eran unos amigos que estaban fuera de la isla. Una familia cercana nos ofreció de comer y beber. Recuerdo que en una radio que prendimos se comentaba, de manera jubilosa, el derrumbe del Muro de Berlín. Allí estuvimos recordándote, bajo la gravitación de las constelaciones, durante toda una noche, sin derramar una lágrima. Porque, como dijera un gran poeta, necio sería que lloráramos.

XLV

En abril de 1990, luego de una misa en La Vega, oficiada en tu nombre por un teólogo de la liberación, comencé a reunirme con tu viejo. Al comienzo solamente para recordarte, para reconstruir, de manera minuciosa, esos últimos meses entre 1988 y 1989. Héctor siempre llevaba consigo tu vieja cartera, como si se tratase de un talismán recuperado entre las muy pocas y humildes cosas que constituían el inventario de todos tus bienes materiales.

Yo simplemente lo escuchaba mientras me contaba los inicios del largo juicio que entabló contra tu asesino y sus cómplices. Poco a poco Julia y Carola se unieron a aquellas conversaciones que se daban, sin falta, en torno a un desayuno de panadería de portugueses en el Este de Caracas. En aquellos encuentros tu padre comenzó a soltar informaciones sobre tu asesino, datos que iban apareciendo mientras avanzaba el proceso. Comencé a tomar nota, sin decir nada. Al que disparó lo habían sacado de la PM. Sin embargo, de manera significativa, ahora era chófer y escolta del gobernador de Caracas. Emergieron otros indicios que lo vinculaban a crímenes muy parecidos en el interior del país. Al mismo tiempo gente cercana pudo establecer que la madre del Comisario se había mudado poco después de tu muerte. ¿Era algo casual? Empecé a explorar la posibilidad de que tu asesinato no hubiese sido producto de una simple contingencia, del arrebato de un funcionario imbécil. Nunca pude llegar a una conclusión definitiva sobre esa conjetura. Y sin embargo es una de esas cuestiones que siempre retornan, de esas que repaso, mentalmente, en los momentos más insólitos, como suele suceder con todo aquello que no queda resuelto.

Un día el viejo Héctor me llamó para vernos aparte, sin las muchachas. Me contó que tu hermana estaba en Uruguay como medida de precaución. Poco a poco, de manera muy gradual, me dejó saber que no quería que realizáramos acción alguna contra el ex oficial Arturo Piña. Prefería seguir la vía legal pasara lo que pasara, aunque le tomase el resto de lo que le quedaba de vida, tal y como efectivamente sucedió. Me hizo prometerle que nada intentaríamos contra el responsable directo de tu asesinato y se lo juré para tranquilizarlo. Es una de mis mayores vergüenzas haber prometido aquello sin estar dispuesto a cumplirlo. Yo también traicioné a tu padre, Jaurena. Un hombre debe ser capaz de mantener sus promesas. Especialmente si las hace a un viejo empeñado en una guerra imposible de ganar.

A espaldas de Carola, Julia y yo comenzamos a ensamblar todos los datos sobre Arturo Piña. Lo identificamos durante una de las primeras audiencias del juicio. En otra ocasión lo seguimos desde el tribunal hasta la gobernación de Caracas. Luego lo vimos cerca del gobernador en fotos de prensa. Por último Julia se coló, posando como periodista, en el lanzamiento de una exhibición de viejas fotos de Caracas. El evento fue en el vestíbulo de la sede de la gobernación. Julia resultaba irreconocible llevando minifalda y tacones, muy bien maquillada, el cabello recogido y usando lentes de utilería. Trató de convencer a los policías que quería entrevistar, "rapidito", al gobernador Lezama. Terminó por pedir a los oficiales que se tomaran algunas fotos con ella y tanto insistió que logró, con una gran sonrisa en los labios, una junto al espaldero y chófer Arturo Piña.

Una vez establecida la rutina laboral de tu asesino, fue muy fácil seguirlo hasta su casa en el barrio "José Gregorio Hernández" de La Guaira. Una casa de bloques, muy sencilla, ubicada en una esquina a unos cien metros de la entrada principal del sector. Todo eso lo hicimos, de manera intermitente, durante parte de 1990 y 1991. Con el paso del tiempo esa tarea devino en un ritual catártico, una manera de demostrarnos que teníamos el potencial de vengarte. Era un juego oscuro entre dos, una complicidad en torno a algo innombrable y el haber mantenido a Carola al margen terminó por provocar otra crisis de celos que casi acaba con nuestra relación

XLVI

Durante esos dos años Julia había comenzado a dar sus primeros pasos en el cine. Yo estaba haciendo mi tesis sobre Jorge Luis Borges y trabajaba como creativo en una agencia de publicidad. Carola terminaba en la Escuela de Letras con un trabajo sobre la novela feminista. Ella y yo planeábamos casarnos, comprar un apartamento, tener un hijo. Me iba bastante bien económicamente. También los dos habíamos comenzado a militar con los *desobedientes*, integrándonos a su organización junto a buena parte de la gente de La Vega. Julia prefería mantenerse al margen, inmersa en un cortometraje que estaba escribiendo y en la producción artística de varias películas. Esa era, a muy grandes trazos, nuestra vida, cuando en septiembre del 91 comenzaron a llegarme informes sobre un plan insurreccional contra el gobierno de Pérez.

Durante una reunión, en uno de los salones de la Escuela de Filosofía de la UCV, el *Viejo*, ideólogo de Desobediencia Popular y ex combatiente de las FALN en los 60, entregó a los convocados un documento titulado *Alborada vendrá*. En sus páginas se esbozaban los objetivos políticos de la proyectada insurrección. Fue también en esa reunión que supimos de sus contactos más recientes con el "abuelito diabólico" (así llamábamos a Kleber Ramírez) y la propuesta de éste de que aquellos que tuviéramos alguna experiencia militar participáramos en el alzamiento.

De ese modo se inició la vertiginosa cadena de causas y efectos que me llevó a estar esperando, frente al INCE de la Nueva Granada, en la noche del tres de Febrero de 1992, unas armas que nunca llegaron. De allí me fui, con el entrañable Sergio Rodríguez, a trazar, por instrucciones del *Viejo*, unas grandes letras "H" en un par de canchas deportivas del 23 de enero. Se nos había dicho que vendrían helicópteros a hacer entregas de armamento en esos lugares. Con las manos vacías regresamos al punto previamente acordado. El *Viejo* decidió que debíamos dispersarnos y que cada cual se ubicase en la zona donde tuviese contactos o trabajo político. Antes de irme a La Vega me tocó ver, desde un carro que manejaba el inolvidable negro Villafaña, la llegada de los primeros tanques rebeldes a Miraflores cerca de la medianoche del 4 de Febrero.

XLVII

Todo 1992 fue una locura. Un huracán en el que seguramente te habrías sentido muy a gusto. Tengo la certeza de que en ninguno de los momentos claves de ese año la gente de La Vega, las muchachas y yo dejamos de evocarte. Precisamente por eso, cuando ya se nos venía encima el 27 de noviembre, Julia y yo volvimos a vernos aparte para hablar del ajusticiamiento de tu verdugo. Lo conversamos repitiendo el recorrido de la última noche en que conversamos contigo, caminando desde el McDonald's de la Castellana hasta el Centro Plaza, cierta tarde dos o tres semanas antes de la segunda insurrección bolivariana.

Julia fue la de la idea de reunirnos. Esgrimió argumentos que me parecieron contundentes: el momento era propicio para la operación. Ella había verificado el día anterior que Piña continuaba con su rutina, "como un reloj". Por otra parte teníamos información de que los cuerpos de inteligencia, la DIM y la DISIP, estaban colapsados intentando prevenir una repetición del 4 de Febrero. Con toda seguridad no iban a hacer un gran esfuerzo por investigar una acción que no íbamos a reivindicar. Aparte de eso yo había logrado acumular algunos recursos logísticos, a lo largo de todo ese 1992, que hacían mucho más

viable la operación. Estaba el asunto de mi promesa a Héctor. Terminamos acordando que en el
caso de que se iniciase una investigación policial
contra tu viejo yo me entregaría a las autoridades. Aunque la posibilidad nos parecía bastante
remota.

XLVIII

Escogimos un sábado. Temprano en la mañana me fui a una barbería, lejos de mi casa, e hice que me dejaran el pelo muy corto y que me quitaran la barba. Añadiendo lentes oscuros lograba un cambio radical. Enseguida me preparé para bajar a La Guaira. Sabíamos que ese día Piña estaría de guardia hasta las cinco. Unos cuarenta minutos después lo dejaría en su casa un transporte de la gobernación, se cambiaría y saldría a un remate de caballos.

Mientras yo esperaba junto a una motocicleta, en el estacionamiento del aeropuerto de Maiquetía, Julia se acercaba en taxi tras dejar, al lado de un restaurante playero, el carro con el que regresaríamos a Caracas. Yo después tendría que explicarle al *Viejo* la pérdida de esos dos recursos. En todo caso yo los había conseguido y los repondría de ser necesario.

Debajo de mi chaqueta, en medio de aquel calor húmedo, llevaba una nueve milímetros y un revólver calibre 38, por si la automática se encasquillaba. Julia finalmente apareció, vestida como un muchacho, muy pálida y sin saludar ni decir palabra se puso el casco que le entregué y encendió la moto. Yo me puse el mío y subí como parrillero. En diez minutos ya estábamos muy

270

cerca de la casa del barrio "José Gregorio Hernández".

La rutina de Piña era de una precisión suiza. Lo vimos a la distancia despedirse de sus compañeros, muerto de risa, intercambiando chistes. Entró a su casa y nosotros nos desplazamos hacia una acera alta justo debajo de su puerta. Comenzó una espera mucha más larga de lo previsto. Sudábamos profusamente con las cabezas cubiertas por los cascos. Yo podía escuchar la respiración pesada de Julia. No podíamos esperar demasiado de ese modo. Aunque seguramente nos tomarían por dos periqueros que habían venido a comprar, uno de los negocios más rentables de la zona.

Después de padecer el transcurso de vastas eras geológicas, finalmente vimos salir al ex cabo primero de la P.M. Arturo Piña. Iba en shorts, chancletas y camiseta, llevando dos bolsas de basura que muy probablemente se disponía a lanzar a un contenedor a unos cincuenta metros de allí. No sé por qué me pareció un tanto insólito, completamente fuera de lo planificado, pero allí estaba. Brinqué y corrí a interceptarlo a pocos pasos de la puerta. Pude escuchar la voz en off, de un locutor de radio o televisión, narrando un juego Magallanes-La Guaira. Le pegué duro en el centro de la espalda con la nueve y trastabilló soltando las bolsas. Me asombró su rostro pálido, el cuerpo poseído por un terror animal, totalmente paralizado. Le amartillé el arma sobre uno

271

de los pómulos mientras el imbécil levantaba las manos como en un asalto: "No me mates, pana, por mi chamo, no me mates", susurró. Si había gente alrededor ni la vi ni escuché. Era como si estuviéramos dentro de una instantánea burbuja de cristal que se rajó cuando escuché a un niño gritando entusiasmado: "Papá, apúrate, que hay tres hombres en base". El tipo cayó de rodillas mirando hacia la casa. Lloraba, se había meado y estoy casi seguro de que olía a mierda. Me agaché un poco y le metí varios cachazos hasta ver sangre, luego le clavé dos o tres patadas y me fui.

No sé qué velocidad llegó a desarrollar la moto cuando salimos del barrio. En todo caso me pareció de una lentitud exasperante. Todo ese tiempo estuve esperando a que apareciera una patrulla o nos parara una repentina alcabala. Llegamos al aeropuerto, dejamos la moto en el estacionamiento, metimos los cascos y los guantes en una gran bolsa negra de basura que botamos en un terreno baldío. Finalmente tomamos un taxi hasta el restaurante playero e inmediatamente iniciamos el regreso a Caracas.

Julia iba manejando. Finalmente susurró con voz maternal, mientras cruzábamos el túnel de Boquerón, "...tranquilo, es mejor así...hiciste bien...". Yo no paraba de llorar, en silencio, como un necio. Ya era de noche cuando le pedí que parara el carro. Nos encontrábamos por los lados de La California, cerca del sitio donde debíamos dejar aquel recurso quemado de manera tan estúpida. Me bajé y me acerqué a la baranda de uno de esos puentes que cruzan el Guaire. Desde allí arrojé con furia las armas hacia el fondo sucio y oscuro del río.

XLIX

Después de colocar la última caja de libros, en la parte trasera del pequeño camión alquilado, inicio el descenso final desde Ithaca hasta Manhattan. Días antes había pagado, a través de Internet, el traslado de mi mudanza desde uno de los puertos de Nueva York a La Guaira. Ahora lo que queda es manejar, durante unas cuatro o cinco horas, hasta el lugar donde recibirán mis cosas. Amanece en abril del 2007 y la tierna transparencia solar que me envuelve no logra atenuar, en lo más mínimo, la helada brisa que baja desde el Niágara.

Mientras manejo resulta inevitable hacer el balance de los últimos diez años. Una tesis doctoral sobre un artesano negro que, en La Habana de 1812, trató de iniciar una rebelión contra la esclavitud. Algunas mujeres que, de vez en cuando, pensarán en mí hasta que me olviden por completo. Los seminarios dictados en Kentucky y Cornell. Alguna que otra conferencia. Encuentros con hombres notables como John Beverley y Eduard Glissant. El horror del 11 de septiembre de 2001 y todos los otros horrores que vinieron después, desde Afganistán, pasando por Guantánamo y Abu Graib, hasta llegar al apocalipsis de Irak o el intento de golpe de Estado contra Chávez. Y, siempre, junto a todo eso, las intermi-

274

nables madrugadas de insomnio en las que me impuse recordar un incendio anterior al *Caracazo* y casi olvidado por todos.

Y es ahora, precisamente ahora, a 120 kilómetros por hora, que me doy cuenta de que no tengo fotos contigo, Jaurena. Y también, precisamente ahora, es que me doy cuenta de que en la única ocasión en que intentamos posar para una foto, lo hicimos ante Julia, una tarde junto a unas piedras enormes de un malecón en La Guaira. No recuerdo de dónde veníamos. Estábamos los tres muertos de risa, después de uno de tus chistes brutales. Julia trataba de enfocar la cámara para tomarnos la foto y, sin dejar de reír, retrocedió perdiendo el balance y disparando el obturador. La ayudaste a levantarse y, sin hacer un segundo intento, nos largamos de ese lugar. Seguramente andábamos conspirando.

Mucho tiempo después Julia me contaría que reveló la película de aquella tarde y justo en el lugar donde debería haber estado nuestra foto la cámara había captado la imagen, asombrosamente nítida, de un guayacán contra el rojo horizonte del atardecer. Y parecía un árbol plantado en un país que no existe.

L

En el mejor de los casos todo esto será resumido en una breve nota, al pie de página, unas pocas líneas en una letra tan pequeña que nadie leerá, dentro de algún libro de historia escrito por alguien de un futuro muy remoto. Quizá fuiste parte, sin pretenderlo, de la genealogía de un futuro desconocido. Esa muy improbable nota diría algo así: "...en Caracas, una ciudad ya desaparecida, situada en lo que se conocía como América del Sur, se cree que ocurrió una gran rebelión contra las llamadas reformas económicas neoliberales. Dicha rebelión pudo haber ocurrido en algún momento entre 1980 y 1989. Lamentablemente no disponemos de mayores documentos...Acaso esta insurgencia de masas fue una de las primeras en el largo proceso que llevó al colapso definitivo del capitalismo a escala global...".

En todo caso nadie recordará tu nombre cuando finalmente llegue el comunismo y los ricos hayan sido borrados, para siempre, de la faz de la tierra. Tampoco habrá estatuas o placas conmemorativas para ese grupo de muchachos que hicieron todo lo que pudieron contra la miseria y la muerte en Venezuela. Pero me parece hermoso que así sea, digno de aquellos que supieron pelear, como tú decías, "sin esperanza pero sin temor".

LI

¿Cómo, de qué manera impensable, se fueron juntando estos átomos desesperados que nos hicieron hombres? Sea como haya sido ya nunca volverán a encontrarse estos fragmentos, estas partículas que se hicieron, por un frágil momento, partes de este mundo, de esta tierra que tanto nos ha dado para la furia y para la ternura. Pero como me dijiste, a fines de marzo, "Un hombre, a fin de cuentas, no es más que una anomalía contra toda la oscuridad del universo". Y lo cierto es que ya nunca volveremos a encontrarnos, Jaurena. La eternidad no es consuelo para comunistas como nosotros. Por eso quisiera pensar que, en ese último momento, cuando estabas rodeado por los infelices que te mataron, supiste que habías sido esperado en esta tierra. Esperado por incontables generaciones de insurgentes que imaginaron, una y mil veces, a otros que vendrían. Apuesto a que lo supiste. Y quizá, por eso, comprendiste, hermano, que la memoria profética de los rebeldes que vendrán es un refugio preferible a las falsas promesas de la resurrección o del Paraíso.

EPÍLOGO

La narración que acaban de leer se sitúa en el contexto de la explosión social en Venezuela el 27 de Febrero de 1989 y los días siguientes, llamado el *Caracazo* (el sufijo *-azo* en español es un aumentativo, lo que sugiere algo así como un gran problema, o una explosión). El narrador escribe desde el punto de vista de un joven militante de uno de los varios grupos armados de la Izquierda Marxista-Leninista extraparlamentaria de Caracas, que se involucró en estos hechos, buscando sacarlos del motín y la insurrección hacia un giro revolucionario. Pero el objetivo del libro no es autobiográfico ni nostálgico, ni pretende ser una reflexión política o histórica sobre las causas y consecuencias del *Caracazo*. Más bien, tiene la intención de suscitar para una audiencia, hoy, más de treinta años después del evento, algo de la emoción radical y la posibilidad que generó, en un momento en que el movimiento político que resultó del *Caracazo*, el proyecto "bolivariano" de Hugo Chávez —de un socialismo del siglo XXI— se ha dilapidado y desacreditado. (Chávez mismo no estuvo involucrado en el *Caracazo*, o al menos eso se dice, y su movimiento político en ese momento buscó inicialmente distanciarse de él; pero su surgimiento posterior a principios de la década de 1990 ciertamente se debe en parte a las repercusiones de este evento).

Debido a sus amplias exportaciones de petróleo, Venezuela estuvo más o menos protegida de los duros regímenes económicos de privatización y austeridad que el neoliberalismo triunfante de la década de 1980 impuso a otros países latinoamericanos. Sin embargo, a mediados de la década de 1980 el precio del petróleo comenzó a caer, y con él la capacidad del Estado venezolano para mantener el estado de bienestar que había creado y que buscaba expandir. Carlos Andrés Pérez, en representación del Partido Acción Democrática de centroizquierda (más o menos equivalente al Partido Demócrata en los EE.UU., pero con credenciales de la Internacional Socialista) fue elegido nuevamente para un segundo mandato en 1988 (había presidido durante el auge petrolero de fines de la década de 1970). Prometió resistir las demandas de reestructuración neoliberal, pero pronto cambió de rumbo bajo la presión de la carga de la deuda de Venezuela con los bancos extranjeros y el FMI, anunciando en 1989 un nuevo programa de medidas de austeridad que se denominó *paquetazo* o *Paquete*, que incluía aumentar de inmediato el precio de la gasolina para el consumo interno (hasta ese momento se vendía gasolina al costo de producción o por debajo de él, una especie de subsidio al conjunto de la población), y elevar en un 30% el costo del transporte público. El resultado fue una serie de brotes esporádicos, pero cada vez más violentos y extensos, a la mañana siguiente en los barrios más pobres o de clase media baja, primero en las afueras de Caracas, pero luego en la ciudad misma, y en los días siguientes en otras ciudades de Venezuela. Hubo saqueos extensos, se quemaron tiendas y autobuses, se atacaron comisarías, comenzaron a aparecer comités vecinales de gobierno, ondearon banderas rojas en los barrios. El gobierno respondió con una represión brutal, suspendiendo la Constitución, enviando unidades del ejército y la policía para atacar calles y barrios. La cifra oficial de muertos y "desaparecidos" en el Caracazo es de 277, pero en general se reconoce que el número fue de miles. En otras palabras, una masacre.

Mientras todo esto sucedía, en la "lejana" Venezuela, la burguesía a nivel global y local vivía lo que parecía un verano interminable. Los grandes levantamientos revolucionarios que siguieron al triunfo de la Revolución Cubana en 1959 y el movimiento contra la guerra de Vietnam habían sido derrotados y la misma Cuba, contenida. Reagan y Margaret Thatcher fueron las deidades rectoras de la época. La Unión Soviética se estaba derrumbando bajo la presión de sus propios intentos de reforma, la *Perestroika*. China, casi dos décadas después de su "camino capitalista" posterior a Mao, estaba indisolublemente ligada al mercado de los Estados Unidos. Más cerca, los sandinistas en Nicaragua, debilitados por la guerra de los Contras y las sanciones económicas impuestas por la administración Reagan, estaban en camino de perder las elecciones de 1990. Políticas económicas neoliberales de libre mercado, del tipo que se impuso por primera vez en Chile durante la dictadura de Pinochet por los llamados "Chicago Boys" (llamados así porque eran producto del departamento de Economía de la Universidad de Chicago dirigido por Milton Friedman), se estaban generalizando, con cierto éxito en dinamizar economías escleróticas, y muchas veces con el apoyo de sectores de la misma generación —ahora de mediana edad— que había luchado por el socialismo en los años sesenta. Las horribles dictaduras, como la de Pinochet en Chile, que se habían considerado necesarias para combatir a la izquierda, habían comenzado a ser desmanteladas, para que la burguesía pudiera ver su riqueza y sus privilegios incontaminados por la tortura y el asesinato estatal. La mayoría de los países de América Latina, incluida Venezuela, se habían convertido en democracias relativamente estables, aunque profundamente marcadas por la represión. Esta combinación de políticas económicas neoliberales y democracia representativa se denominó el Consenso de Washington, y fue el objetivo de las élites, tanto en los Estados Unidos como en América Latina, extender el Consenso. Era el "fin de la historia," para usar la frase tan difundida de Francis Fukuyama en ese momento.

En términos globales o incluso latinoamericanos, el *Caracazo* fue un evento relativamente pequeño; pero, como una repentina brisa fría en una tarde de finales de estío, sugería que el interminable verano del neoliberalismo, tarde o temprano, llegaría a su fin. En Venezuela, Hugo Chávez y otros oficiales nacionalistas intentaron un golpe de estado en 1992, que fracasó catastróficamente, pero no sin generar una amplia simpatía popular. Chávez se convirtió en un ícono, reconstruyendo y ampliando su presencia política. En 1998, con el apoyo de los partidos de la Izquierda parlamentaria, fue elegido presidente por encima de los candidatos representantes de los partidos históricos. Sobrevivió a un golpe orquestado en su contra en abril de 2002 por la oposición interna a su gobierno, con participación de Estados Unidos.

Los ataques terroristas del 11 de septiembre cambiaron la relación entre Estados Unidos y América Latina, ya que el centro de la política estadounidense se convirtió en Oriente Medio. Para 2008, el año del gran colapso financiero en las economías capitalistas avanzadas, la mayoría de los países latinoamericanos, incluyendo ahora crucialmente a Brasil, tenían gobiernos de izquierda o de centro izquierda, decididos a inclinar la balanza económica a favor de los pobres en la medida de lo posible. Esta fue la llamada *Marea Rosada*, o *Marea Rosa* (rosa porque no apuntaba a la revolución como el comunismo histórico).

Chávez murió en 2013, dejando a su movimiento sin liderazgo ni dirección efectivos. Para 2015, la *Marea Rosa* comenzó a bajar en toda América Latina, especialmente con la pérdida de poder del gobierno del Partido de los Trabajadores en

Brasil. Comenzó a aparecer una nueva derecha hábil y experta en tecnología (el actual presidente de El Salvador, Bukele, es un ejemplo; su lema era "PC significa hoy computadora personal, no Partido Comunista"); aún más a la derecha, figuras como Bolsonaro en Brasil estaban impulsando un populismo etnonacionalista abiertamente racista y autoritario similar al de Trump en los Estados Unidos. La *Marea rosa*, anulada en parte por su propio éxito en elevar los niveles de vida, lo que condujo a un aumento de la demanda de los consumidores, que resultó difícil de satisfacer en una era de precios de exportación a la baja, pareció desvanecerse en todas partes, tan repentinamente como había aparecido en los primeros años del nuevo siglo.

Sin embargo, en los últimos dos o tres años, justo antes del COVID y durante el mismo, han comenzado a aparecer nuevamente gobiernos de izquierda en América Latina: en México, Honduras, Perú, Argentina, Bolivia, más recientemente en Chile con el muy joven y dinámico Bóric; y los candidatos de izquierda son favoritos en las próximas elecciones en Brasil y Colombia. Es en el contexto de este esperanzador, pero aún frágil, resurgimiento de la izquierda latinoamericana que *Lo que fue dictando el fuego* debe leerse hoy.

El libro tiene en un principio la apariencia de una novela burguesa de formación, como *La educación sentimental* de Flaubert, con el *Caracazo* como trasfondo. Pero los personajes, incluido el narrador, no cambian, no pasan por un proceso de desilusión, aprendizaje y crecimiento. Siguen exactamente como estaban en el momento de máxima intensidad del *Caracazo*. En este sentido, *Lo que fue dictando el fuego* tiene más en común con lo que en español latinoamericano se entiende como testimonio o narración testimonial: una narración contada en primera persona por un narrador que es también el verdadero protagonista o testigo de los hechos que cuenta. El testimonio suele ser una narración de los "pobres", pero la autoridad del testimonio y la experiencia directa que encarna son inherentes incluso en un caso como este, donde el autor, Juan Antonio Hernández, es un escritor e intelectual establecido en Venezuela, profesor de literatura latinoamericana en, entre otros lugares, Cornell, y en su momento embajador del gobierno bolivariano en Qatar y Egipto. Es inherente a la intensidad e inmediatez de la voz que habla en el texto, como si la historia aún ardiera por las luchas que describe, que aparecen ante los ojos del lector casi a la velocidad de la escritura misma. Esto le da a Lo que fue dictando el fuego una fuerza afectiva distintiva, como sugiere el título: excitación, miedo, confusión, audacia, desolación, ira…

Esta dimensión afectiva en *Lo que fue dictando el fuego* captura parte de lo que implicó el posterior surgimiento de Chávez y el chavismo a fines de la década de 1990 y los primeros años del nuevo siglo. No hace falta decir que una política populista como la de Chávez se basaba en el afecto, en el sentido de solidaridad creado por el agravio y el resentimiento. Pero el predominio del afecto también muestra los límites del populismo, cuando ya no se trata de desafiar el poder sino de ejercerlo con competencia y eficacia. Y el populismo de derecha de Bolsonaro o Trump también se rige por el afecto.

Es difícil imaginar cómo un libro como *Lo que fue dictando el fuego*, que está tan firmemente centrado en un *ahora* revolucionario (lo que Walter Benjamin llamó el *JeztzZeit*, o "tiempo del ahora"), que parece inventarse a sí mismo en su propio acto de enunciación, puede llegar a su fin sin cancelar su propia premisa de inmediatez y autorrealización. Y, de hecho, no hay realmente un final (**alerta de spoiler aquí**). Uno de los miembros del grupo ha muerto a manos de la policía en los enfrentamientos. El narrador y sus camaradas logran descubrir al policía involucrado. Conspiran para encontrarlo y ejecutarlo en venganza. Pero en el momento en que lo encuentran, terminan golpeándolo y abusando verbalmente de él. Tienen armas, pero no las usan. Uno siente —al menos yo lo siento— que aquí se ha frustrado la justicia poética. Pero esto es, después de todo, un testimonio, no un texto ficticio. No es posible imponer un final que se ajuste a las expectativas del lector o de la historia; violaría la pretensión de autenticidad del testimonio.

Se materializa una situación en la que la venganza y la espontaneidad ya no son las principales fuerzas determinantes. Más bien algo más allá de ellos. Esto es pasar de una política del afecto, el chavismo en su forma genética, a una política de la hegemonía, que el gran marxista italiano Antonio Gramsci definió como "el liderazgo moral e intelectual de la nación". Para que eso suceda se requiere algún tipo de sublimación del afecto y la espontaneidad. Esa debería ser la función de la vanguardia revolucionaria, pero aquí la vanguardia misma es un pequeño barco en un mar tormentoso.

Aún hoy, cuando es difícil imaginar siquiera la posibilidad de un cambio revolucionario en el mundo (y entonces hay que hacerlo en relación con la cuestión ecológica del mundo mismo), mucho menos organizarse y planificarse estratégicamente para ello, a veces es suficiente presionar el botón Reiniciar, y *Dictated by Fire*, en esta excelente y "camarada" traducción de Margaret Randall, lo hace con una creíble pasión y urgencia.

John Beverley

Universidad de Pittsburgh, Verano 2022.

(Traducido por Silvana Pezoa).

SOBRE JUAN ANTONIO HERNÁNDEZ

Juan Antonio Hernández, Caracas, Venezuela, PhD por la Universidad de Pittsburgh, especializado en teoría crítica y estudios sobre América Latina.

Académico, novelista y diplomático. Ha sido profesor en la Universidad de Kentucky (2003-2004), Cornell (2005-2007) y en la Universidad "Simón Bolívar" de Venezuela (2007-2009). Entre 2009 y 2018 fue embajador de Venezuela ante Qatar, Egipto y la Liga árabe.

Recibió la medalla del Mérito del Emir de Qatar, Doha, 2013. Obtuvo el Premio Internacional de Cine "Santiago Álvarez" por el guion de *Gaitán, el hombre que fue Colombia*, Cuba, marzo de 2011. Recibió la mención especial de honor, en la categoría de ensayo histórico social, Premio "Casa de las Américas", Cuba, 2008. Obtuvo la beca de investigación doctoral de la Fundación Andrew Mellon, 2002-2003.

Es premio de la Bienal "José Antonio Ramos Sucre" en la categoría de poesía, Venezuela, 1990.

Ha publicado los libros de ensayo: *Biografía del infinito: la noción de transfinitud en Georg Cantor y su presencia en la prosa de Jorge Luis Borges.* Comala, Caracas, 2000; y *Hacia una historia de lo imposible: la revolución haitiana y el "libro de pinturas" de José Antonio Aponte.* Fundación Editorial El perro y la rana, Venezuela, 2015.

NOTAS FINALES / FINAL NOTES

NOTA DE LA TRADUCTORA

Juan Antonio Hernández y yo nos conocimos en línea, el escenario de tantos encuentros en estos tiempos digitales. Nos escribimos, descubrimos que teníamos una historia en común y me envió una copia de su novela *Lo que fue dictando el fuego*.

Empecé a leer y las imágenes de los años 70 y 80 inundaron mi memoria. Años en los que jóvenes de todo el mundo creyeron que podían darlo todo por la justicia y tantos murieron en el intento. Como ha dicho mi hijo, que también participó: "Nosotros fallamos y así nadie se acuerda. Si hubiéramos ganado, los nombres de las calles y los monumentos llevarían nuestros nombres".

No estaba hablando de individuos sino de movimientos, luchas y lo que significaban. La novela de Hernández retrata esos tiempos con el conocimiento íntimo de un participante pero sin el romanticismo que algunos les atribuyen o el desdén con el que la historia oficial quiere relegarlos a algún exceso juvenil.

Me encontré traduciendo este conmovedor texto como *Dictated by fire*, un vistazo a una era en la que un fuerte sentido de la justicia, la pasión y el sacrificio se unieron en la lucha contra la ignominia y la traición. Este libro es historia, memorias y tributo.

Hoy, cuando la invasión imperialista es la norma, es bueno recordar a quienes, como Yulimar Reyes y Gonzalo Jaurena, arriesgaron sus vidas por la libertad.

Margaret Randall

Albuquerque, Primavera 2022.

SOBRE MARGARET RANDALL

Margaret Randall (Nueva York, 1936) es poeta, ensayista, historiadora oral, traductora, fotógrafa y activista social. Vivió en América Latina durante 23 años (en México, Cuba y Nicaragua). De 1962 a 1969, ella y el poeta mexicano Sergio Mondragón coeditaron *EL corno emplumado / The plumed horn*, una revista literaria bilingüe trimestral que publicó algunas de las mejores obras nuevas de los años sesenta.

Cuando regresó a casa en 1984, el gobierno ordenó su deportación porque encontró que algunos de sus escritos estaban "en contra del buen orden y la felicidad de los Estados Unidos". Con el apoyo de muchos escritores y otros, ganó su caso y su ciudadanía fue restaurada en 1989.

A finales de la década de 1980 y principios de la de 1990, enseñó en varias universidades, la mayoría de las veces en Trinity College en Hartford, Connecticut.

Los títulos de poesía más recientes de Randall incluyen *The morning after: poetry & prose in a post-truth world, Against atrocity, out of violence into poetry* (todos de Wings Press) y *Stormclouds like unkept promises* (Casa Urraca Press). *Che on my mind* (un texto feminista que recuerda al Che

Guevara, publicado por Duke University Press), *Thinking about thinking* (ensayos, de Casa Urraca) y *Artists in my life* (New Village Press) son otros títulos recientes.

En 2020, Duke publicó sus memorias, *I never left home: poet, feminist, revolutionary*. Dos de las fotografías de Randall se encuentran en la Colección de Arte del Capitolio en Santa Fe. También se ha dedicado a la traducción, produciendo *When rains become floods* de Lurgio Galván Sánchez y *Only the road / Solo el camino*, una antología de ocho décadas de poesía cubana (ambas también publicadas por Duke), entre muchos otros títulos.

Randall recibió la Medalla al Mérito Literario 2017 de Literatura en el Bravo, Ciudad Juárez, México. En 2018 fue galardonada con el premio "Poeta de dos Hemisferios" por *Poesía en paralelo cero* en Quito, Ecuador. En 2022 ganó el premio Creative Bravo de la ciudad de Albuquerque. Randall vive en Albuquerque con su pareja (ahora esposa) desde hace más de 35 años, la pintora Barbara Byers, y viaja mucho para leer, dar conferencias y enseñar.

ABOUT JUAN ANTONIO HERNÁNDEZ

Juan Antonio Hernández, Caracas, Venezuela, PhD from the University of Pittsburgh, specializing in critical theory and Latin American studies.

Academic, novelist and diplomat. He has been a professor at the University of Kentucky (2003 - 2004), Cornell (2005 - 2007) and at the "Simón Bolívar" University of Venezuela (2007 - 2009). Between 2009 and 2018 he was Venezuela's ambassador to Qatar, Egypt and the Arab League.

He received the Medal of Merit from the Emir of Qatar, Doha, 2013. He received the "Santiago Álvarez" International Film Award for the screenplay for *Gaitán, el hombre que fue Colombia*, Cuba, March 2011.

He received the special honorable mention , in the category of social historical essay, "Casa de las Américas" Prize, Cuba, 2008. He obtained the doctoral research grant from the Andrew Mellon Foundation, 2002 - 2003.

He is the prize winner of the "José Antonio Ramos Sucre" Biennial in the category of poetry, Venezuela, 1990.

He has published the essay books: *Biografía del infinito: la noción de transfinitud en Georg Cantor y su presencia en la prosa de Jorge Luis*

Borges. Comala, Caracas, 2000 and *Hacia una historia de lo imposible: la revolución haitiana y el "libro de pinturas" de José Antonio Aponte*. Fundación Editorial El perro y la rana, Venezuela, 2015.

Hecho en América/ Made in América

Agosto 2022

EL SUR ES
AMERICA